1+X 职业技能鉴定考核指导手册



# 消防管理员

## 四级

编审委员会

主　任　仇朝东

委　员　葛恒双　顾卫东　宋志宏　杨武星　孙兴旺
刘汉成　葛　玮

执行委员　孙兴旺　张鸿樑　李　晔　瞿伟洁

中国劳动社会保障出版社

**图书在版编目(CIP)数据**

消防管理员：四级/上海市职业培训研究发展中心组织编写. —北京：中国劳动社会保障出版社，2010

1+X职业技能鉴定考核指导手册

ISBN 978-7-5045-8528-8

Ⅰ.①消… Ⅱ.①上… Ⅲ.①消防-管理学-中国-职业技能鉴定-自学参考资料 Ⅳ.①D631.6

中国版本图书馆CIP数据核字(2010)第158196号

**中国劳动社会保障出版社出版发行**

（北京市惠新东街1号 邮政编码：100029）

出版人：张梦欣

*

世界知识印刷厂印刷装订 新华书店经销

787毫米×960毫米 16开本 10.75印张 174千字

2010年8月第1版 2010年8月第1次印刷

**定价：18.00元**

**读者服务部电话：010-64929211/64921644/84643933**

**发行部电话：010-64961894**

**出版社网址：http://www.class.com.cn**

# 前　言

职业资格证书制度的推行，对广大劳动者系统地学习相关职业的知识和技能，提高就业能力、工作能力和职业转换能力有着重要的作用和意义，也为企业合理用工以及劳动者自主择业提供了依据。

随着我国科技进步、产业结构调整以及市场经济的不断发展，特别是加入世界贸易组织以后，各种新兴职业不断涌现，传统职业的知识和技术也愈来愈多地融进当代新知识、新技术、新工艺的内容。为适应新形势的发展，优化劳动力素质，上海市人力资源和社会保障局在提升职业标准、完善技能鉴定方面做了积极的探索和尝试，推出了1+X培训鉴定模式。1+X中的1代表国家职业标准，X是为适应上海市经济发展的需要，对职业标准进行的提升，包括了对职业的部分知识和技能要求进行的扩充和更新。上海市1+X的培训鉴定模式，得到了国家人力资源和社会保障部的肯定。

为配合上海市开展的1+X培训与鉴定考核的需要，使广大职业培训鉴定领域专家以及参加职业培训鉴定的考生对考核内容和具体考核要求有一个全面的了解，人力资源和社会保障部教材办公室、中国就业培训技术指导中心上海分中心、上海市职业培训研究发展中心联合组织有关方面的专家、技术人员共同编写了《1+X职业技能鉴定考核指导手册》。该手册由“理论知识复习题”“操作技能复习题”和“理论知识模拟试卷及操作技能模拟试卷”三大块内容组成，书中介绍了题库的命题依据、试卷结构和题型题量，同时从上海市 1＋X 鉴定题库中抽取部分理论知识题、操作技能试题和模拟样卷供考生参考和练习，便于考生能够有针对性地进行考前复习准备。今后我们会随着国家职业标准以及鉴定题库的提升，逐步对手册内容进行补充和完善。

本系列手册在编写过程中，得到了有关专家和技术人员的大力支持，在此一并表示感谢。

由于时间仓促，缺乏经验，如有不足之处，恳请各使用单位和个人提出宝贵意见和建议。

1＋X 职业技能鉴定考核指导手册

编审委员会

# 目　录

CONTENTS　1+X 职业技能鉴定考核指导手册

# 消防管理员职业简介

## 一、职业名称

消防管理员。

## 二、职业定义

掌握较全面的消防知识，从事机关、团体、企业、事业等单位消防安全管理、消防设施设备操作管理、火灾应急事故处置等工作的人员。

## 三、主要工作内容

从事的工作主要包括：（1）消防分科管理；（2）各类常用消防设施设备的操作使用；（3）应急事故处置。

# 第1部分

# 消防管理员（四级）鉴定方案

## 一、鉴定方式

消防管理员（四级）的鉴定方式分为理论知识考试和操作技能考核。理论知识考试采用闭卷计算机机考方式，操作技能考核采用现场实际操作和口试方式。理论知识考试和操作技能考核均实行百分制，成绩皆达60分及以上者为合格。理论知识或操作技能不及格者可按规定分别补考。

## 二、理论知识考试方案（考试时间90 min）

| 题库参数<br>题型 | 考试方式 | 鉴定题量 | 分值（分/题） | 配分（分） |
|---|---|---|---|---|
| 判断题 | 闭卷机考 | 60 | 0.5 | 30 |
| 单项选择题 | | 140 | 0.5 | 70 |
| 小计 | — | 200 | — | 100 |

## 三、操作技能考核方案

**考核项目表**

| 职业（工种）名称 | | 消防管理员 | | 等级 | 四级 | | |
| --- | --- | --- | --- | --- | --- | --- | --- |
| 职业代码 | | | | | | | |
| 序号 | 项目名称 | 单元编号 | 单元内容 | 考核方式 | 选考方法 | 考核时间（min） | 配分（分） |
| 1 | 消防管理 | 1 | 消防管理基本对策应用 | 口试 | 必考 | 5 | 10 |
| | | 2 | 消防分科管理 | 口试 | 必考 | 5 | 15 |
| 2 | 消防设施设备操作使用 | 1 | 简易灭火器材操作使用 | 操作 | 抽一 | 5 | 15 |
| | | 2 | 防护装具操作使用 | 操作 | | | |
| | | 3 | 救生器材操作使用 | 操作 | | | |
| | | 4 | 供水器材操作使用 | 操作 | | | |
| | | 5 | 灭火器操作使用 | 操作 | 必考 | 5 | 15 |
| | | 6 | 消火栓给水系统操作使用 | 操作 | 必考 | 5 | 15 |
| | | 7 | 自动喷水灭火系统末端试水装置的操作 | 操作 | 抽一 | 5 | 15 |
| | | 8 | 火灾报警系统触发器件的常规检查 | 操作 | | | |
| | | 9 | 消防控制室管理及应急程序 | 操作 | | | |
| | | 10 | 气体灭火系统的操作 | 操作 | | | |
| 3 | 应急事故处置 | 1 | 应急事故处置 | 口试 | 必考 | 5 | 15 |
| 合计 | | | | | | 35 | 100 |
| 备注 | | | | | | | |

# 第 2 部分

# 鉴定要素细目表

| 职业（工种）名称 | | | | | 消防管理员 | 等级 | 四级 |
|---|---|---|---|---|---|---|---|
| 职业代码 | | | | | | | |
| 序号 | 鉴定点代码 | | | | 鉴定点内容 | 备注 | |
| | 章 | 节 | 目 | 点 | | | |
| | 1 | | | | 基础知识 | | |
| | 1 | 1 | | | 消防工作概述 | | |
| | 1 | 1 | 1 | | 消防工作的方针 | | |
| 1 | 1 | 1 | 1 | 1 | 消防工作的方针 | | |
| | 1 | 1 | 2 | | 消防工作的原则 | | |
| 2 | 1 | 1 | 2 | 1 | 消防工作的原则 | | |
| | 1 | 2 | | | 消防法规 | | |
| | 1 | 2 | 1 | | 消防法规体系 | | |
| 3 | 1 | 2 | 1 | 1 | 消防法规的由来与发展 | | |
| 4 | 1 | 2 | 1 | 2 | 消防法律 | | |
| 5 | 1 | 2 | 1 | 3 | 消防法规 | | |
| 6 | 1 | 2 | 1 | 4 | 消防规章 | | |
| 7 | 1 | 2 | 1 | 5 | 消防技术标准 | | |
| | 1 | 2 | 2 | | 消防行政处罚 | | |
| 8 | 1 | 2 | 2 | 1 | 消防行政处罚的概念 | | |
| 9 | 1 | 2 | 2 | 2 | 消防行政处罚的种类 | | |
| 10 | 1 | 2 | 2 | 3 | 建筑工程消防监督审核方面的实体法规定 | | |

续表

| 职业（工种）名称 | | | | | 消防管理员 | 等级 | 四级 |
|---|---|---|---|---|---|---|---|
| 职业代码 | | | | | | | |
| 序号 | 鉴定点代码 | | | | 鉴定点内容 | 备注 | |
| | 章 | 节 | 目 | 点 | | | |
| 11 | 1 | 2 | 2 | 4 | 消防监督检查方面的实体法规定 | | |
| 12 | 1 | 2 | 2 | 5 | 易燃易爆危险物品消防监督管理方面的实体法规定 | | |
| 13 | 1 | 2 | 2 | 6 | 消防产品质量监督管理方面的实体法规定 | | |
| 14 | 1 | 2 | 2 | 7 | 对妨碍火灾原因调查的当事人的实体法规定 | | |
| 15 | 1 | 2 | 2 | 8 | 其他方面的实体法规定 | | |
| | 1 | 2 | 3 | | 刑事处罚 | | |
| 16 | 1 | 2 | 3 | 1 | 失火罪 | | |
| 17 | 1 | 2 | 3 | 2 | 消防责任事故罪 | | |
| 18 | 1 | 2 | 3 | 3 | 其他相关犯罪及刑罚 | | |
| | 1 | 3 | | | 燃烧学基础 | | |
| | 1 | 3 | 1 | | 燃烧的本质和条件 | | |
| 19 | 1 | 3 | 1 | 1 | 燃烧的必要条件 | | |
| 20 | 1 | 3 | 1 | 2 | 燃烧的充分条件 | | |
| | 1 | 3 | 2 | | 燃烧类型 | | |
| 21 | 1 | 3 | 2 | 1 | 闪燃 | | |
| 22 | 1 | 3 | 2 | 2 | 着火 | | |
| 23 | 1 | 3 | 2 | 3 | 自燃 | | |
| 24 | 1 | 3 | 2 | 4 | 爆炸 | | |
| | 1 | 3 | 3 | | 防火灭火机理 | | |
| 25 | 1 | 3 | 3 | 1 | 火灾的定义和类别 | | |
| 26 | 1 | 3 | 3 | 2 | 防火基本原理 | | |
| 27 | 1 | 3 | 3 | 3 | 灭火基本方法 | | |
| 28 | 1 | 3 | 3 | 4 | 灭火剂 | | |
| | 1 | 3 | 4 | | 火灾的发展与变化 | | |
| 29 | 1 | 3 | 4 | 1 | 火灾的发展与变化规律 | | |
| 30 | 1 | 3 | 4 | 2 | 影响火势发展变化的条件 | | |

续表

| 职业（工种）名称 | | | | | 消防管理员 | 等级 | 四级 |
|---|---|---|---|---|---|---|---|
| 职业代码 | | | | | | | |
| 序号 | 鉴定点代码 | | | | 鉴定点内容 | | 备注 |
| | 章 | 节 | 目 | 点 | | | |
| | 1 | 4 | | | 有机化学基础 | | |
| | 1 | 4 | 1 | | 概述 | | |
| 31 | 1 | 4 | 1 | 1 | 概述 | | |
| | 1 | 4 | 2 | | 烷烃 | | |
| 32 | 1 | 4 | 2 | 1 | 烷烃 | | |
| | 1 | 4 | 3 | | 烯烃 | | |
| 33 | 1 | 4 | 3 | 1 | 烯烃 | | |
| | 1 | 4 | 4 | | 炔烃 | | |
| 34 | 1 | 4 | 4 | 1 | 炔烃 | | |
| | 1 | 5 | | | 电工学基础 | | |
| | 1 | 5 | 1 | | 直流电路 | | |
| 35 | 1 | 5 | 1 | 1 | 直流电路 | | |
| | 1 | 5 | 2 | | 磁与电磁感应 | | |
| 36 | 1 | 5 | 2 | 1 | 磁与电磁感应 | | |
| | 1 | 5 | 3 | | 交流电路 | | |
| 37 | 1 | 5 | 3 | 1 | 交流电路 | | |
| | 1 | 6 | | | 建筑学基础 | | |
| | 1 | 6 | 1 | | 建筑物的分类 | | |
| 38 | 1 | 6 | 1 | 1 | 建筑物的分类 | | |
| | 1 | 6 | 2 | | 建筑材料 | | |
| 39 | 1 | 6 | 2 | 1 | 建筑材料的分类 | | |
| 40 | 1 | 6 | 2 | 2 | 常见的建筑材料 | | |
| | 1 | 6 | 3 | | 建筑构造 | | |
| 41 | 1 | 6 | 3 | 1 | 建筑物的构造 | | |
| 42 | 1 | 6 | 3 | 2 | 建筑构件的燃烧性能及耐火极限 | | |
| | 1 | 6 | 4 | | 建筑结构 | | |

续表

| 职业（工种）名称 | | | | | 消防管理员 | 等级 | 四级 |
|---|---|---|---|---|---|---|---|
| 职业代码 | | | | | | | |
| 序号 | 鉴定点代码 | | | | 鉴定点内容 | | 备注 |
| | 章 | 节 | 目 | 点 | | | |
| 43 | 1 | 6 | 4 | 1 | 建筑结构 | | |
| | 1 | 6 | 5 | | 建筑识图 | | |
| 44 | 1 | 6 | 5 | 1 | 建筑识图 | | |
| | 1 | 7 | | | 水力学基础 | | |
| | 1 | 7 | 1 | | 水的理化性质 | | |
| 45 | 1 | 7 | 1 | 1 | 水的理化性质 | | |
| | 1 | 7 | 2 | | 水枪射流 | | |
| 46 | 1 | 7 | 2 | 1 | 水枪射流 | | |
| | 2 | | | | 消防管理学 | | |
| | 2 | 1 | | | 概述 | | |
| | 2 | 1 | 1 | | 消防安全管理的概念、特征 | | |
| 47 | 2 | 1 | 1 | 1 | 消防安全管理的概念、特征 | | |
| | 2 | 1 | 2 | | 消防安全管理的要素 | | |
| 48 | 2 | 1 | 2 | 1 | 消防安全管理主体 | | |
| 49 | 2 | 1 | 2 | 2 | 消防安全管理对象 | | |
| 50 | 2 | 1 | 2 | 3 | 消防安全管理依据 | | |
| 51 | 2 | 1 | 2 | 4 | 消防安全管理的科学原理与方法 | | |
| | 2 | 1 | 3 | | 消防安全管理的基本原则 | | |
| 52 | 2 | 1 | 3 | 1 | 方向性原则与法制性原则 | | |
| 53 | 2 | 1 | 3 | 2 | “谁主管谁负责”原则 | | |
| 54 | 2 | 1 | 3 | 3 | 其他原则 | | |
| | 2 | 1 | 4 | | 消防安全管理的基本方法 | | |
| 55 | 2 | 1 | 4 | 1 | 消防安全管理的基本方法 | | |
| | 2 | 1 | 5 | | 消防安全管理的重点 | | |
| 56 | 2 | 1 | 5 | 1 | 消防安全重点单位 | | |
| 57 | 2 | 1 | 5 | 2 | 消防安全重点部位 | | |

续表

| 职业（工种）名称 | | | | | 消防管理员 | 等级 | 四级 |
|---|---|---|---|---|---|---|---|
| 职业代码 | | | | | | | |
| 序号 | 鉴定点代码 | | | | 鉴定点内容 | 备注 | |
| | 章 | 节 | 目 | 点 | | | |
| 58 | 2 | 1 | 5 | 3 | 消防安全重点工种 | | |
| | 2 | 2 | | | 消防安全责任制 | | |
| | 2 | 2 | 1 | | 消防安全责任制的概述 | | |
| 59 | 2 | 2 | 1 | 1 | 消防安全责任制的概述 | | |
| | 2 | 2 | 2 | | 消防安全管理组织及其职责 | | |
| 60 | 2 | 2 | 2 | 1 | 消防安全责任人 | | |
| 61 | 2 | 2 | 2 | 2 | 消防安全管理人 | | |
| 62 | 2 | 2 | 2 | 3 | 消防工作归口管理职能部门 | | |
| 63 | 2 | 2 | 2 | 4 | 专职消防队、志愿消防队 | | |
| | 2 | 3 | | | 消防安全制度 | | |
| | 2 | 3 | 1 | | 消防安全制度 | | |
| 64 | 2 | 3 | 1 | 1 | 消防安全制度 | | |
| | 2 | 4 | | | 消防安全检查 | | |
| | 2 | 4 | 1 | | 消防安全检查的作用 | | |
| 65 | 2 | 4 | 1 | 1 | 消防安全检查的作用 | | |
| | 2 | 4 | 2 | | 消防安全检查的形式和内容 | | |
| 66 | 2 | 4 | 2 | 1 | 防火巡查 | | |
| 67 | 2 | 4 | 2 | 2 | 防火检查 | | |
| | 2 | 4 | 3 | | 消防安全检查的程序和方法 | | |
| 68 | 2 | 4 | 3 | 1 | 消防安全检查的程序和方法 | | |
| | 2 | 4 | 4 | | 消防安全检查的要求 | | |
| 69 | 2 | 4 | 4 | 1 | 消防安全检查的要求 | | |
| | 2 | 4 | 5 | | 火灾隐患的整改 | | |
| 70 | 2 | 4 | 5 | 1 | 火灾隐患的概念与特征 | | |
| 71 | 2 | 4 | 5 | 2 | 火灾隐患的整改原则 | | |
| 72 | 2 | 4 | 5 | 3 | 责令改正 | | |

续表

| 职业（工种）名称 | | | | | 消防管理员 | 等级 | 四级 |
|---|---|---|---|---|---|---|---|
| 职业代码 | | | | | | | |
| 序号 | 鉴定点代码 | | | | 鉴定点内容 | 备注 | |
| | 章 | 节 | 目 | 点 | | | |
| 73 | 2 | 4 | 5 | 4 | 责令限期整改 | | |
| 74 | 2 | 4 | 5 | 5 | 整改火灾隐患的要求 | | |
| | 2 | 5 | | | 消防安全教育 | | |
| | 2 | 5 | 1 | | 消防安全教育的内容 | | |
| 75 | 2 | 5 | 1 | 1 | 消防安全教育的内容 | | |
| | 2 | 5 | 2 | | 消防安全教育的形式 | | |
| 76 | 2 | 5 | 2 | 1 | 消防安全教育的形式 | | |
| | 2 | 5 | 3 | | 消防安全教育的要求 | | |
| 77 | 2 | 5 | 3 | 1 | 消防安全教育的要求 | | |
| | 2 | 6 | | | 灭火、应急疏散预案 | | |
| | 2 | 6 | 1 | | 灭火、应急疏散预案的主要内容 | | |
| 78 | 2 | 6 | 1 | 1 | 灭火、应急疏散预案的主要内容 | | |
| | 2 | 6 | 2 | | 灭火、应急疏散预案的主要程序 | | |
| 79 | 2 | 6 | 2 | 1 | 灭火、应急疏散预案的主要程序 | | |
| | 2 | 6 | 3 | | 灭火、应急疏散预案的有关要求 | | |
| 80 | 2 | 6 | 3 | 1 | 灭火、应急疏散预案的有关要求 | | |
| | 2 | 7 | | | 消防档案 | | |
| | 2 | 7 | 1 | | 消防档案的主要内容 | | |
| 81 | 2 | 7 | 1 | 1 | 消防档案的主要内容 | | |
| | 2 | 7 | 2 | | 消防档案的管理与使用 | | |
| 82 | 2 | 7 | 2 | 1 | 消防档案的管理与使用 | | |
| | 2 | 8 | | | 消防安全标志 | | |
| | 2 | 8 | 1 | | 禁止标志与警告标志 | | |
| 83 | 2 | 8 | 1 | 1 | 禁止标志与警告标志 | | |
| | 2 | 8 | 2 | | 指令标志与提示标志 | | |
| 84 | 2 | 8 | 2 | 1 | 指令标志与提示标志 | | |

续表

| 职业（工种）名称 | | | | | 消防管理员 | 等级 | 四级 |
|---|---|---|---|---|---|---|---|
| 职业代码 | | | | | | | |
| 序号 | 鉴定点代码 | | | | 鉴定点内容 | 备注 | |
| | 章 | 节 | 目 | 点 | | | |
| | 2 | 9 | | | 火灾事故调查 | | |
| | 2 | 9 | 1 | | 火灾事故调查的任务 | | |
| 85 | 2 | 9 | 1 | 1 | 火灾事故调查的任务 | | |
| | 2 | 9 | 2 | | 火灾事故调查的基本程序 | | |
| 86 | 2 | 9 | 2 | 1 | 火灾事故调查的基本程序 | | |
| | 2 | 9 | 3 | | 失火单位在火灾事故调查中应当做的工作 | | |
| 87 | 2 | 9 | 3 | 1 | 保护好火灾现场 | | |
| 88 | 2 | 9 | 3 | 2 | 组织安排好调查访问对象 | | |
| 89 | 2 | 9 | 3 | 3 | 协助统计好火灾损失和伤亡情况 | | |
| 90 | 2 | 9 | 3 | 4 | 全面分析火灾事故原因，制订改进对策 | | |
| | 2 | 10 | | | 火灾保险与理赔 | | |
| | 2 | 10 | 1 | | 火灾保险的概念 | | |
| 91 | 2 | 10 | 1 | 1 | 火灾保险的概念 | | |
| | 2 | 10 | 2 | | 企业财产保险与理赔 | | |
| 92 | 2 | 10 | 2 | 1 | 企业财产保险与理赔 | | |
| | 2 | 10 | 3 | | 企业财产保险的损失赔偿责任 | | |
| 93 | 2 | 10 | 3 | 1 | 企业财产保险的损失赔偿责任 | | |
| | 3 | | | | 消防分科管理 | | |
| | 3 | 1 | | | 建筑防火 | | |
| | 3 | 1 | 1 | | 建筑防火技术措施 | | |
| 94 | 3 | 1 | 1 | 1 | 建筑防火技术措施 | | |
| | 3 | 1 | 2 | | 总平面布局和平面布置 | | |
| 95 | 3 | 1 | 2 | 1 | 总平面布局和平面布置 | | |
| | 3 | 1 | 3 | | 防火分区 | | |
| 96 | 3 | 1 | 3 | 1 | 概念 | | |
| 97 | 3 | 1 | 3 | 2 | 水平防火分区 | | |

续表

| 职业（工种）名称 | | | | | 消防管理员 | 等级 | 四级 |
|---|---|---|---|---|---|---|---|
| 职业代码 | | | | | | | |
| 序号 | 鉴定点代码 | | | | 鉴定点内容 | 备注 | |
| | 章 | 节 | 目 | 点 | | | |
| 98 | 3 | 1 | 3 | 3 | 竖向防火分区 | | |
| 99 | 3 | 1 | 3 | 4 | 防火分区面积 | | |
| | 3 | 1 | 4 | | 防火分隔物 | | |
| 100 | 3 | 1 | 4 | 1 | 防火分隔物 | | |
| | 3 | 1 | 5 | | 防火墙 | | |
| 101 | 3 | 1 | 5 | 1 | 防火墙 | | |
| | 3 | 1 | 6 | | 防火门 | | |
| 102 | 3 | 1 | 6 | 1 | 防火门的分类 | | |
| 103 | 3 | 1 | 6 | 2 | 防火门的要求 | | |
| 104 | 3 | 1 | 6 | 3 | 防火门的适应范围 | | |
| | 3 | 1 | 7 | | 防火卷帘 | | |
| 105 | 3 | 1 | 7 | 1 | 防火卷帘的防火要求 | | |
| 106 | 3 | 1 | 7 | 2 | 防火卷帘的使用要求 | | |
| | 3 | 1 | 8 | | 防火窗 | | |
| 107 | 3 | 1 | 8 | 1 | 防火窗 | | |
| | 3 | 1 | 9 | | 防火水幕带 | | |
| 108 | 3 | 1 | 9 | 1 | 防火水幕带 | | |
| | 3 | 1 | 10 | | 上、下层窗间墙（窗槛墙） | | |
| 109 | 3 | 1 | 10 | 1 | 上、下层窗间墙（窗槛墙） | | |
| | 3 | 1 | 11 | | 耐火楼板和防烟、封闭楼梯间 | | |
| 110 | 3 | 1 | 11 | 1 | 耐火楼板和防烟、封闭楼梯间 | | |
| | 3 | 1 | 12 | | 防火带 | | |
| 111 | 3 | 1 | 12 | 1 | 防火带 | | |
| | 3 | 1 | 13 | | 防火阀 | | |
| 112 | 3 | 1 | 13 | 1 | 防火阀 | | |
| | 3 | 1 | 14 | | 排烟防火阀 | | |

续表

| 职业（工种）名称 | | | | | 消防管理员 | 等级 | 四级 |
|---|---|---|---|---|---|---|---|
| 职业代码 | | | | | | | |
| 序号 | 鉴定点代码 | | | | 鉴定点内容 | 备注 | |
| | 章 | 节 | 目 | 点 | | | |
| 113 | 3 | 1 | 14 | 1 | 排烟防火阀 | | |
| | 3 | 1 | 15 | | 防烟分区 | | |
| 114 | 3 | 1 | 15 | 1 | 防烟分区 | | |
| | 3 | 1 | 16 | | 安全疏散 | | |
| 115 | 3 | 1 | 16 | 1 | 安全疏散允许时间 | | |
| 116 | 3 | 1 | 16 | 2 | 高层民用建筑安全疏散指标 | | |
| 117 | 3 | 1 | 16 | 3 | 单层、多层民用建筑安全疏散指标 | | |
| 118 | 3 | 1 | 16 | 4 | 工业建筑、汽车库、人防工程安全疏散指标 | | |
| 119 | 3 | 1 | 16 | 5 | 楼梯间的一般要求 | | |
| 120 | 3 | 1 | 16 | 6 | 敞开楼梯间的设置要求 | | |
| 121 | 3 | 1 | 16 | 7 | 封闭楼梯间的设置场所 | | |
| 122 | 3 | 1 | 16 | 8 | 封闭楼梯间的设置要求 | | |
| 123 | 3 | 1 | 16 | 9 | 防烟楼梯间的设置场所 | | |
| 124 | 3 | 1 | 16 | 10 | 防烟楼梯间的设置要求 | | |
| 125 | 3 | 1 | 16 | 11 | 室外疏散楼梯的设置要求 | | |
| 126 | 3 | 1 | 16 | 12 | 疏散走道的设置要求 | | |
| 127 | 3 | 1 | 16 | 13 | 高层民用建筑安全出口的设置要求 | | |
| 128 | 3 | 1 | 16 | 14 | 单层、多层民用建筑安全出口的设置要求 | | |
| 129 | 3 | 1 | 16 | 15 | 厂房、库房、汽车库、修车库、人防工程安全出口的设置要求 | | |
| 130 | 3 | 1 | 16 | 16 | 火灾应急照明 | | |
| 131 | 3 | 1 | 16 | 17 | 疏散指示标志 | | |
| 132 | 3 | 1 | 16 | 18 | 火灾应急广播 | | |
| 133 | 3 | 1 | 16 | 19 | 火灾警报装置 | | |
| 134 | 3 | 1 | 16 | 20 | 消防电梯的设置场所 | | |
| 135 | 3 | 1 | 16 | 21 | 消防电梯的设置要求 | | |

续表

| 职业（工种）名称 | | | | | 消防管理员 | 等级 | 四级 |
|---|---|---|---|---|---|---|---|
| 职业代码 | | | | | | | |
| 序号 | 鉴定点代码 | | | | 鉴定点内容 | 备注 | |
| | 章 | 节 | 目 | 点 | | | |
| 136 | 3 | 1 | 16 | 22 | 避难层、避难间 | | |
| 137 | 3 | 1 | 16 | 23 | 直升飞机停机坪 | | |
| | 3 | 2 | | | 电气防火 | | |
| | 3 | 2 | 1 | | 电气火灾的特点及其原因分析 | | |
| 138 | 3 | 2 | 1 | 1 | 电气火灾的特点 | | |
| 139 | 3 | 2 | 1 | 2 | 电气火灾的原因分析 | | |
| | 3 | 2 | 2 | | 工业企业供配电系统 | | |
| 140 | 3 | 2 | 2 | 1 | 工业企业供配电系统 | | |
| | 3 | 2 | 3 | | 电气线路的防火措施 | | |
| 141 | 3 | 2 | 3 | 1 | 架空线路的防火措施 | | |
| 142 | 3 | 2 | 3 | 2 | 室内、外布线的防火措施 | | |
| 143 | 3 | 2 | 3 | 3 | 电缆布线的防火措施 | | |
| 144 | 3 | 2 | 3 | 4 | 临时用电线路的防火要求 | | |
| 145 | 3 | 2 | 3 | 5 | 接地与接零 | | |
| 146 | 3 | 2 | 3 | 6 | 短路保护 | | |
| | 3 | 2 | 4 | | 防雷 | | |
| 147 | 3 | 2 | 4 | 1 | 防雷 | | |
| | 3 | 3 | | | 危险化学品防火 | | |
| | 3 | 3 | 1 | | 危险物品的分类及标志 | | |
| 148 | 3 | 3 | 1 | 1 | 危险物品的分类及标志 | | |
| | 3 | 3 | 2 | | 爆炸品 | | |
| 149 | 3 | 3 | 2 | 1 | 分类 | | |
| 150 | 3 | 3 | 2 | 2 | 火灾危险性 | | |
| | 3 | 3 | 3 | | 气体 | | |
| 151 | 3 | 3 | 3 | 1 | 分类 | | |
| 152 | 3 | 3 | 3 | 2 | 火灾危险性 | | |

续表

| 职业（工种）名称 | | | | | 消防管理员 | 等级 | 四级 |
|---|---|---|---|---|---|---|---|
| 职业代码 | | | | | | | |
| 序号 | 鉴定点代码 | | | | 鉴定点内容 | 备注 | |
| | 章 | 节 | 目 | 点 | | | |
| | 3 | 3 | 4 | | 易燃液体 | | |
| 153 | 3 | 3 | 4 | 1 | 分类 | | |
| 154 | 3 | 3 | 4 | 2 | 火灾危险性 | | |
| | 3 | 3 | 5 | | 易燃固体、易于自燃的物质、遇水放出易燃气体的物质 | | |
| 155 | 3 | 3 | 5 | 1 | 易燃固体 | | |
| 156 | 3 | 3 | 5 | 2 | 易于自燃的物质 | | |
| 157 | 3 | 3 | 5 | 3 | 遇水放出易燃气体的物质 | | |
| | 3 | 3 | 6 | | 氧化性物质和有机过氧化物 | | |
| 158 | 3 | 3 | 6 | 1 | 氧化性物质和有机过氧化物 | | |
| | 3 | 3 | 7 | | 毒性物质和感染性物质 | | |
| 159 | 3 | 3 | 7 | 1 | 毒性物质和感染性物质 | | |
| | 3 | 3 | 8 | | 腐蚀性物质 | | |
| 160 | 3 | 3 | 8 | 1 | 腐蚀性物质 | | |
| | 3 | 4 | | | 火源管理 | | |
| | 3 | 4 | 1 | | 点火源的种类及其控制对策 | | |
| 161 | 3 | 4 | 1 | 1 | 点火源的种类 | | |
| 162 | 3 | 4 | 1 | 2 | 点火源的控制对策 | | |
| | 3 | 4 | 2 | | 三级动火管理 | | |
| 163 | 3 | 4 | 2 | 1 | 三级动火的概念与分级 | | |
| 164 | 3 | 4 | 2 | 2 | 固定动火区和禁火区的划分 | | |
| 165 | 3 | 4 | 2 | 3 | 动火许可证的主要内容及有效期 | | |
| 166 | 3 | 4 | 2 | 4 | 动火许可证的审批程序和终审权限 | | |
| 167 | 3 | 4 | 2 | 5 | 各项责任人的职责 | | |
| 168 | 3 | 4 | 2 | 6 | 动火程序和安全要点 | | |
| | 3 | 5 | | | 人员密集场所防火 | | |
| | 3 | 5 | 1 | | 人员密集场所的基本防火管理措施 | | |

续表

| 职业（工种）名称 | | | | | 消防管理员 | 等级 | 四级 |
|---|---|---|---|---|---|---|---|
| 职业代码 | | | | | | | |
| 序号 | 鉴定点代码 | | | | 鉴定点内容 | 备注 | |
| | 章 | 节 | 目 | 点 | | | |
| 169 | 3 | 5 | 1 | 1 | 建筑防火要求 | | |
| 170 | 3 | 5 | 1 | 2 | 安全疏散要求 | | |
| 171 | 3 | 5 | 1 | 3 | 可燃物品的使用和销售管理要求 | | |
| 172 | 3 | 5 | 1 | 4 | 灭火设施的管理要求 | | |
| 173 | 3 | 5 | 1 | 5 | 日常管理要求 | | |
| 174 | 3 | 5 | 1 | 6 | 组织管理要求 | | |
| 175 | 3 | 5 | 1 | 7 | 重大群众性活动管理 | | |
| | 3 | 6 | | | 仓储防火 | | |
| | 3 | 6 | 1 | | 仓库储存物品的火灾危险性分类 | | |
| 176 | 3 | 6 | 1 | 1 | 仓库储存物品的火灾危险性分类 | | |
| | 3 | 6 | 2 | | 仓储防火管理的基本措施 | | |
| 177 | 3 | 6 | 2 | 1 | 仓库储存的消防安全管理 | | |
| 178 | 3 | 6 | 2 | 2 | 仓库装卸的消防安全管理 | | |
| 179 | 3 | 6 | 2 | 3 | 仓库电气防火管理 | | |
| 180 | 3 | 6 | 2 | 4 | 仓库火源管理 | | |
| 181 | 3 | 6 | 2 | 5 | 仓库消防设施和器材管理 | | |
| | 4 | | | | 消防装备 | | |
| | 4 | 1 | | | 简易灭火器材 | | |
| | 4 | 1 | 1 | | 简易灭火器材的种类 | | |
| 182 | 4 | 1 | 1 | 1 | 简易灭火器材的种类 | | |
| | 4 | 1 | 2 | | 简易灭火器材的适用范围 | | |
| 183 | 4 | 1 | 2 | 1 | 简易灭火器材的适用范围 | | |
| | 4 | 2 | | | 灭火器 | | |
| | 4 | 2 | 1 | | 灭火器的分类 | | |
| 184 | 4 | 2 | 1 | 1 | 灭火器的分类 | | |
| | 4 | 2 | 2 | | 各类灭火器的介绍 | | |

续表

| 职业（工种）名称 | | | | | 消防管理员 | 等级 | 四级 |
|---|---|---|---|---|---|---|---|
| 职业代码 | | | | | | | |
| 序号 | 鉴定点代码 | | | | 鉴定点内容 | | 备注 |
| | 章 | 节 | 目 | 点 | | | |
| 185 | 4 | 2 | 2 | 1 | 水型灭火器 | | |
| 186 | 4 | 2 | 2 | 2 | 泡沫灭火器 | | |
| 187 | 4 | 2 | 2 | 3 | 干粉灭火器 | | |
| 188 | 4 | 2 | 2 | 4 | 二氧化碳灭火器 | | |
| 189 | 4 | 2 | 2 | 5 | 其他灭火器 | | |
| | 4 | 2 | 3 | | 灭火器的配置 | | |
| 190 | 4 | 2 | 3 | 1 | 灭火器配置场所的危险等级 | | |
| 191 | 4 | 2 | 3 | 2 | 灭火器的灭火级别 | | |
| 192 | 4 | 2 | 3 | 3 | 灭火器的选择 | | |
| 193 | 4 | 2 | 3 | 4 | 灭火器的配置基准 | | |
| 194 | 4 | 2 | 3 | 5 | 灭火器的设置场所要求 | | |
| 195 | 4 | 2 | 3 | 6 | 灭火器的保护距离要求 | | |
| 196 | 4 | 2 | 3 | 7 | 灭火器的配置设计计算 | | |
| | 4 | 2 | 4 | | 灭火器的维修和保养 | | |
| 197 | 4 | 2 | 4 | 1 | 灭火器维护与保养的一般要求 | | |
| 198 | 4 | 2 | 4 | 2 | 水型灭火器维修与保养的年限要求 | | |
| 199 | 4 | 3 | 4 | 3 | 泡沫灭火器维修与保养的年限要求 | | |
| 200 | 4 | 3 | 4 | 4 | 干粉灭火器维修与保养的年限要求 | | |
| 201 | 4 | 3 | 4 | 5 | 二氧化碳灭火器维修与保养的年限要求 | | |
| | 4 | 3 | | | 防护装备 | | |
| | 4 | 3 | 1 | | 常规防护装备 | | |
| 202 | 4 | 3 | 1 | 1 | 常规防护装备 | | |
| | 4 | 3 | 2 | | 特种防护装备 | | |
| 203 | 4 | 3 | 2 | 1 | 避火服、防化服 | | |
| 204 | 4 | 3 | 2 | 2 | 隔热服 | | |
| 205 | 4 | 3 | 2 | 3 | 呼救器 | | |

续表

| 职业（工种）名称 | | | | | 消防管理员 | 等级 | 四级 |
|---|---|---|---|---|---|---|---|
| 职业代码 | | | | | | | |
| 序号 | 鉴定点代码 | | | | 鉴定点内容 | 备注 | |
| | 章 | 节 | 目 | 点 | | | |
| | 4 | 3 | 3 | | 呼吸保护器具 | | |
| 206 | 4 | 3 | 3 | 1 | 过滤式防毒面具 | | |
| 207 | 4 | 3 | 3 | 2 | 氧气呼吸器 | | |
| 208 | 4 | 3 | 3 | 3 | 空气呼吸器 | | |
| | 4 | 4 | | | 救生器材 | | |
| | 4 | 4 | 1 | | 救生绳、救生软梯、缓降器 | | |
| 209 | 4 | 4 | 1 | 1 | 救生绳、救生软梯、缓降器 | | |
| | 4 | 4 | 2 | | 救生袋、救生照明线 | | |
| 210 | 4 | 4 | 2 | 1 | 救生袋、救生照明线 | | |
| | 4 | 4 | 3 | | 救生网、救生垫、生命探测器 | | |
| 211 | 4 | 4 | 3 | 1 | 救生网、救生垫、生命探测器 | | |
| | 4 | 5 | | | 攀登器材 | | |
| | 4 | 5 | 1 | | 攀登器材 | | |
| 212 | 4 | 5 | 1 | 1 | 攀登器材 | | |
| | 4 | 6 | | | 供水器材 | | |
| | 4 | 6 | 1 | | 射水器材 | | |
| 213 | 4 | 6 | 1 | 1 | 概述 | | |
| 214 | 4 | 6 | 1 | 2 | 直流水枪 | | |
| 215 | 4 | 6 | 1 | 3 | 喷雾水枪 | | |
| 216 | 4 | 6 | 1 | 4 | 多用水枪 | | |
| 217 | 4 | 6 | 1 | 5 | 特殊水枪 | | |
| 218 | 4 | 6 | 1 | 6 | 水枪操作使用注意事项 | | |
| | 4 | 6 | 2 | | 输水器材 | | |
| 219 | 4 | 6 | 2 | 1 | 吸水管分类及技术要求 | | |
| 220 | 4 | 6 | 2 | 2 | 吸水管使用注意事项 | | |
| 221 | 4 | 6 | 2 | 3 | 吸水管附件 | | |

续表

| 职业（工种）名称 | | | | | 消防管理员 | 等级 | 四级 |
|---|---|---|---|---|---|---|---|
| 职业代码 | | | | | | | |
| 序号 | 鉴定点代码 | | | | 鉴定点内容 | | 备注 |
| | 章 | 节 | 目 | 点 | | | |
| 222 | 4 | 6 | 2 | 4 | 消防水带 | | |
| 223 | 4 | 6 | 2 | 5 | 消防水带使用要领 | | |
| 224 | 4 | 6 | 2 | 6 | 水带附件 | | |
| | 4 | 7 | | | 消防现场标志器材 | | |
| | 4 | 7 | 1 | | 消防现场标志器材 | | |
| 225 | 4 | 7 | 1 | 1 | 消防现场标志器材 | | |
| | 5 | | | | 建筑灭火设施 | | |
| | 5 | 1 | | | 室外消防给水系统 | | |
| | 5 | 1 | 1 | | 设置原则 | | |
| 226 | 5 | 1 | 1 | 1 | 设置原则 | | |
| | 5 | 1 | 2 | | 类型 | | |
| 227 | 5 | 1 | 2 | 1 | 按消防水压要求分类 | | |
| 228 | 5 | 1 | 2 | 2 | 按用途分类 | | |
| 229 | 5 | 1 | 2 | 3 | 按管网布置形式分类 | | |
| | 5 | 1 | 3 | | 消防水源 | | |
| 230 | 5 | 1 | 3 | 1 | 给水管网 | | |
| 231 | 5 | 1 | 3 | 2 | 消防水池 | | |
| 232 | 5 | 1 | 3 | 3 | 天然水源 | | |
| | 5 | 1 | 4 | | 室外消火栓 | | |
| 233 | 5 | 1 | 4 | 1 | 类型 | | |
| 234 | 5 | 1 | 4 | 2 | 流量、保护半径、保护间距 | | |
| 235 | 5 | 1 | 4 | 3 | 使用与维护 | | |
| | 5 | 1 | 5 | | 消防水泵与消防水泵房 | | |
| 236 | 5 | 1 | 5 | 1 | 消防水泵 | | |
| 237 | 5 | 1 | 5 | 2 | 消防水泵房 | | |
| | 5 | 2 | | | 室内消火栓给水系统 | | |

续表

| 职业（工种）名称 | | | | | 消防管理员 | 等级 | 四级 |
|---|---|---|---|---|---|---|---|
| 职业代码 | | | | | | | |
| 序号 | 鉴定点代码 | | | | 鉴定点内容 | 备注 | |
| | 章 | 节 | 目 | 点 | | | |
| | 5 | 2 | 1 | | 概述 | | |
| 238 | 5 | 2 | 1 | 1 | 设置原则 | | |
| 239 | 5 | 2 | 1 | 2 | 分类 | | |
| 240 | 5 | 2 | 1 | 3 | 组成 | | |
| 241 | 5 | 2 | 1 | 4 | 类型 | | |
| | 5 | 2 | 2 | | 室内消火栓给水系统的消防用水量和水压 | | |
| 242 | 5 | 2 | 2 | 1 | 室内消火栓给水系统的消防用水量 | | |
| 243 | 5 | 2 | 2 | 2 | 室内消火栓给水系统的消防水压 | | |
| | 5 | 2 | 3 | | 稳压与增压设施 | | |
| 244 | 5 | 2 | 3 | 1 | 稳压设施 | | |
| 245 | 5 | 2 | 3 | 2 | 增压设施 | | |
| | 5 | 2 | 4 | | 室内消火栓给水系统主要组件 | | |
| 246 | 5 | 2 | 4 | 1 | 室内消火栓设备 | | |
| 247 | 5 | 2 | 4 | 2 | 布置 | | |
| 248 | 5 | 2 | 4 | 3 | 设置要求 | | |
| 249 | 5 | 2 | 4 | 4 | 消防水喉设备 | | |
| 250 | 5 | 2 | 4 | 5 | 水泵接合器 | | |
| 251 | 5 | 2 | 4 | 6 | 其他组件 | | |
| | 5 | 2 | 5 | | 使用与维护 | | |
| 252 | 5 | 2 | 5 | 1 | 使用与维护 | | |
| | 5 | 3 | | | 自动喷水灭火系统 | | |
| | 5 | 3 | 1 | | 系统的分类 | | |
| 253 | 5 | 3 | 1 | 1 | 系统的分类 | | |
| | 5 | 3 | 2 | | 湿式喷水灭火系统 | | |
| 254 | 5 | 3 | 2 | 1 | 湿式喷水灭火系统 | | |
| | 5 | 3 | 3 | | 干式喷水灭火系统 | | |

续表

| 职业（工种）名称 | | | | | 消防管理员 | 等级 | 四级 |
|---|---|---|---|---|---|---|---|
| 职业代码 | | | | | | | |
| 序号 | 鉴定点代码 | | | | 鉴定点内容 | 备注 | |
| | 章 | 节 | 目 | 点 | | | |
| 255 | 5 | 3 | 3 | 1 | 干式喷水灭火系统 | | |
| | 5 | 3 | 4 | | 预作用喷水灭火系统 | | |
| 256 | 5 | 3 | 4 | 1 | 预作用喷水灭火系统 | | |
| | 5 | 3 | 5 | | 开式喷水灭火系统 | | |
| 257 | 5 | 3 | 5 | 1 | 开式喷水灭火系统 | | |
| | 5 | 3 | 6 | | 系统的主要组件 | | |
| 258 | 5 | 3 | 6 | 1 | 喷头 | | |
| 259 | 5 | 3 | 6 | 2 | 报警阀 | | |
| 260 | 5 | 3 | 6 | 3 | 报警控制装置 | | |
| | 5 | 3 | 7 | | 自动喷水灭火系统的管理要求 | | |
| 261 | 5 | 3 | 7 | 1 | 自动喷水灭火系统的管理要求 | | |
| | 5 | 3 | 8 | | 自动喷水灭火系统的维护要求 | | |
| 262 | 5 | 3 | 8 | 1 | 自动喷水灭火系统的维护要求 | | |
| | 5 | 4 | | | 火灾自动报警系统 | | |
| | 5 | 4 | 1 | | 火灾自动报警系统的组成及工作原理 | | |
| 263 | 5 | 4 | 1 | 1 | 火灾自动报警系统的组成及工作原理 | | |
| | 5 | 4 | 2 | | 火灾报警控制器 | | |
| 264 | 5 | 4 | 2 | 1 | 火灾报警控制器 | | |
| | 5 | 4 | 3 | | 火灾自动报警系统的使用 | | |
| 265 | 5 | 4 | 3 | 1 | 火灾自动报警系统的使用 | | |
| | 5 | 4 | 4 | | 消防联动控制系统 | | |
| 266 | 5 | 4 | 4 | 1 | 消防联动控制系统 | | |
| | 5 | 4 | 5 | | 系统的检查与维护 | | |
| 267 | 5 | 4 | 5 | 1 | 系统的检查与维护 | | |
| | 5 | 5 | | | 气体灭火系统 | | |
| | 5 | 5 | 1 | | 气体灭火系统的适用范围 | | |

续表

| 职业（工种）名称 | | | | | 消防管理员 | 等级 | 四级 |
|---|---|---|---|---|---|---|---|
| 职业代码 | | | | | | | |
| 序号 | 鉴定点代码 | | | | 鉴定点内容 | 备注 | |
| | 章 | 节 | 目 | 点 | | | |
| 268 | 5 | 5 | 1 | 1 | 气体灭火系统的适用范围 | | |
| | 5 | 5 | 2 | | 气体灭火系统的分类 | | |
| 269 | 5 | 5 | 2 | 1 | 气体灭火系统的分类 | | |
| | 5 | 5 | 3 | | 气体灭火系统主要组件及设置要求 | | |
| 270 | 5 | 5 | 3 | 1 | 气体灭火系统主要组件及设置要求 | | |
| | 5 | 5 | 4 | | 气体灭火系统的工作原理与操作 | | |
| 271 | 5 | 5 | 4 | 1 | 气体灭火系统的工作原理与操作 | | |
| | 5 | 5 | 5 | | 气体灭火系统的维护管理 | | |
| 272 | 5 | 5 | 5 | 1 | 气体灭火系统的维护管理 | | |
| | 6 | | | | 火灾事故处置 | | |
| | 6 | 1 | | | 执勤备战 | | |
| | 6 | 1 | 1 | | 等级战备制度 | | |
| 273 | 6 | 1 | 1 | 1 | 经常性战备 | | |
| 274 | 6 | 1 | 1 | 2 | 二级战备 | | |
| 275 | 6 | 1 | 1 | 3 | 一级战备 | | |
| | 6 | 1 | 2 | | 执勤力量的组成 | | |
| 276 | 6 | 1 | 2 | 1 | 执勤力量的组成 | | |
| | 6 | 1 | 3 | | 战备值班 | | |
| 277 | 6 | 1 | 3 | 1 | 执勤力量的管理要求 | | |
| 278 | 6 | 1 | 3 | 2 | 执勤人员职责 | | |
| | 6 | 2 | | | 火灾事故处置基本对策 | | |
| | 6 | 2 | 1 | | 火灾事故处置基本原则 | | |
| 279 | 6 | 2 | 1 | 1 | 灭火作战基本原则 | | |
| 280 | 6 | 2 | 1 | 2 | 灭火作战基本方法 | | |
| | 6 | 2 | 2 | | 报警 | | |
| 281 | 6 | 2 | 2 | 1 | 报警 | | |

续表

| 职业（工种）名称 | | | | | 消防管理员 | 等级 | 四级 |
|---|---|---|---|---|---|---|---|
| 职业代码 | | | | | | | |
| 序号 | 鉴定点代码 | | | | 鉴定点内容 | | 备注 |
| | 章 | 节 | 目 | 点 | | | |
| | 6 | 2 | 3 | | 火情侦察 | | |
| 282 | 6 | 2 | 3 | 1 | 火情侦察的任务、组织、程序 | | |
| 283 | 6 | 2 | 3 | 2 | 火情侦察的方法、要求 | | |
| | 6 | 2 | 4 | | 力量布置 | | |
| 284 | 6 | 2 | 4 | 1 | 力量布置 | | |
| | 6 | 2 | 5 | | 火场警戒 | | |
| 285 | 6 | 2 | 5 | 1 | 火场警戒 | | |
| | 6 | 2 | 6 | | 救人与自救 | | |
| 286 | 6 | 2 | 6 | 1 | 火场救人 | | |
| 287 | 6 | 2 | 6 | 2 | 自救与逃生 | | |
| | 6 | 2 | 7 | | 疏散和保护物资 | | |
| 288 | 6 | 2 | 7 | 1 | 疏散和保护物资 | | |
| | 6 | 2 | 8 | | 火灾扑救 | | |
| 289 | 6 | 2 | 8 | 1 | 火灾扑救 | | |
| | 6 | 2 | 9 | | 火场破拆 | | |
| 290 | 6 | 2 | 9 | 1 | 火场破拆 | | |
| | 6 | 2 | 10 | | 火场排烟 | | |
| 291 | 6 | 2 | 10 | 1 | 排烟方法 | | |
| 292 | 6 | 2 | 10 | 2 | 排烟注意事项 | | |
| | 6 | 2 | 11 | | 减少水渍损失 | | |
| 293 | 6 | 2 | 11 | 1 | 减少水渍损失 | | |
| | 6 | 2 | 12 | | 战斗结束后的工作 | | |
| 294 | 6 | 2 | 12 | 1 | 战斗结束后的工作 | | |
| | 6 | 2 | 13 | | 火场行动安全管理 | | |
| 295 | 6 | 2 | 13 | 1 | 防坠落物击伤 | | |
| 296 | 6 | 2 | 13 | 2 | 防跌落、防跌倒 | | |

续表

| 职业（工种）名称 | | | | | 消防管理员 | 等级 | 四级 |
|---|---|---|---|---|---|---|---|
| 职业代码 | | | | | | | |
| 序号 | 鉴定点代码 | | | | 鉴定点内容 | 备注 | |
| | 章 | 节 | 目 | 点 | | | |
| 297 | 6 | 2 | 13 | 3 | 防倒塌、防爆炸、防触电、防轰燃 | | |
| 298 | 6 | 2 | 13 | 4 | 浓烟中行动的安全 | | |
| 299 | 6 | 2 | 13 | 5 | 破拆行动中的安全 | | |
| 300 | 6 | 2 | 13 | 6 | 火场侦察安全 | | |

# 第3部分

# 理论知识复习题

## 基础知识

**一、判断题（将判断结果填入括号中。正确的填“√”，错误的填“×”）**

1. 消防工作贯彻“以防为主、以消为辅”的方针。（ ）

2.《中华人民共和国消防法》第二条规定，我国消防工作应坚持“政府统一领导、部门依法监管、单位全面负责、公民积极参与”的原则。（ ）

3. 1957年11月29日，我国颁布了第一部全国性的消防基本法律——《中华人民共和国消防监督条例》。（ ）

4.《中华人民共和国消防法》（新修订）于2009年5月1日正式实施。（ ）

5. 从消防法规体系上讲，《上海市消防条例》属于地方性法规。（ ）

6. 从消防法规体系上讲，《上海市消防条例》属于地方政府规章。（ ）

7. 消防行政处罚是指公安机关消防机构依法对公民、法人和其他组织违反消防行政管理秩序的行为所给予的惩戒和制裁。（ ）

8. 被处罚款的当事人应当自收到行政处罚决定书之日起15日内到指定银行缴纳罚款，逾期不缴纳罚款的，逾期一日，加罚滞纳金3%。（ ）

9.《中华人民共和国消防法》第六十条规定，占用、堵塞、封闭消防车通道，妨碍消防车通行的，责令改正，处五千元以上五万元以下罚款。（ ）

10. 生产、储存、经营易燃易爆危险品的场所可以与居住场所设置在同一建筑物内，但

要符合消防技术标准要求。（　）

11.《中华人民共和国消防法》规定，生产、销售不合格的消防产品或者国家明令淘汰的消防产品的，由产品质量监督部门或者工商行政管理部门依照《中华人民共和国产品质量法》的规定从重处罚。（　）

12. 火灾扑灭后，发生火灾的单位和相关人员应当按照公安机关消防机构的要求保护现场，接受事故调查，如实提供与火灾有关的情况。（　）

13. 失火罪主观上是过失造成的。（　）

14. 消防责任事故罪是指违反消防管理法规，经消防监督机构通知采取改正措施而拒绝执行，造成严重后果的行为。（　）

15. 对“构成重大责任事故罪且情节特别恶劣”的行为，可处以死刑。（　）

16. 即使具备了燃烧的三个必要条件，燃烧也不一定能发生。（　）

17. 液体的闪点越低则表明其火灾危险性越小。（　）

18. 固体的火灾危险性大小总是用燃点来衡量，而与其形态无关。（　）

19. 黄磷的自燃点很低，为确保储存安全，黄磷一般存放在水中。（　）

20. 粉尘爆炸属于物理爆炸。（　）

21. 控制和消除着火源是防止火灾发生的主要措施之一。（　）

22. “干粉灭火”是通过隔离作用使火熄灭。（　）

23. 不同的灭火剂适用于扑救不同的火灾，二氧化碳灭火剂常用来扑救A类火灾。（　）

24. 扑救火灾的最佳时机是火灾的初起阶段。（　）

25. 从消防观点来看，热导率大的物质，对灭火工作是有利的。（　）

26. 有机化合物的主要特征是它们都含有碳。（　）

27. 烯烃多数易溶于水，且可溶于非极性溶剂。（　）

28. 烃分子中含有碳碳双键的叫炔烃。（　）

29. 电阻串联时，串联电阻上的电压分配与电阻成反比。（　）

30. 在电机和变压器等电气设备中产生涡流是有害的，因为它会耗费电能，降低电气设备使用效率，而且使铁心发热，温度升高，影响设备正常运行。（　）

31. 一般工业动力用的交流电通常是三相交流电。（　）

32. 对于建筑装修、装饰材料，在考虑其防火性能时，主要侧重于燃烧性能、发烟性能及毒性性能。（　）

33. 常用的有机建筑材料有木材、塑料、胶合板、纤维板等。（　）

34. 建筑构件的燃烧性能是由制成建筑构件的材料的燃烧性能决定的。（　）

35. 建筑物的主要组成部分是屋盖、楼板、墙体和基础。（　）

36. 一般来讲，当燃烧区的水蒸气浓度达到35%以上时，燃烧就会停止。（　）

**二、单项选择题（选择一个正确的答案，将相应的字母填入题内的括号中）**

1.《中华人民共和国消防法》第二条规定，消防工作贯彻（　）的方针。

A. 预防为主、防消结合　　B. 以防为主、以消为辅

C. 预防为主、安全第一　　D. 安全与生产相统一

2.《中华人民共和国消防法》第三条规定，（　）领导全国的消防工作。

A. 公安部　　B. 人民政府　　C. 国务院　　D. 中央军委

3.《中华人民共和国消防法》第五条规定，任何单位和个人都有维护消防安全、保护消防设施、预防火灾、（　）的义务。

A. 报告火警　　B. 处置火灾

C. 配合火灾调查　　D. 追究火灾责任

4.《中华人民共和国消防法》第二条规定，我国的消防工作应当坚持（　）的原则。

A. 公安部门主管

B. 消防机构主管

C. 单位自主管理

D. 政府统一领导、部门依法监督、单位全面负责、公民积极参与

5. 我国新中国成立以来颁布的第一部全国性的消防基本法律是（　）。

A. 1957年10月颁布的《中华人民共和国治安管理处罚条例》

B. 1957年11月29日颁布的《消防监督条例》

C. 1984年5月13日颁布的《中华人民共和国消防条例》

D. 1998年4月29日通过的《中华人民共和国消防法》

6. 现行《中华人民共和国消防法》修订草案于（　　）审议通过。

A. 2008 年 10 月 1 日　　B. 2008 年 10 月 28 日

C. 2009 年 1 月 1 日　　D. 2009 年 5 月 1 日

7. 从消防法规体系上讲，下列属于消防法律的是（　　）。

A.《上海市消防条例》

B.《中华人民共和国消防法》

C.《机关、团体、企业、事业单位消防安全管理规定》

D.《危险化学品安全管理条例》

8. 十一届全国人大常委会第五次会议通过的《中华人民共和国消防法》于（　　）实施。

A. 2009 年 1 月 1 日　　B. 2009 年 5 月 1 日

C. 2009 年 9 月 1 日　　D. 2009 年 10 月 1 日

9. 下列属于行政法规的是（　　）。

A.《中华人民共和国消防法》

B.《危险化学品安全管理条例》

C.《上海市消防条例》

D.《机关、团体、企业、事业单位消防安全管理规定》

10. 下列属于地方性法规的是（　　）。

A.《中华人民共和国消防法》

B.《危险化学品安全管理条例》

C.《上海市消防条例》

D.《机关、团体、企业、事业单位消防安全管理规定》

11. 从法规体系上讲，《机关、团体、企业、事业单位消防安全管理规定》属于（　　）。

A. 消防法律　　B. 行政法规　　C. 国务院规章　　D. 地方性法规

12.《机关、团体、企业、事业单位消防安全管理规定》于（　　）实施。

A. 2002 年 1 月 1 日　　B. 2002 年 5 月 1 日

C. 2002年9月1日　　D. 2002年10月1日

13. 我国的消防法规体系由消防法律、行政法规、地方性法规、国务院规章、地方政府规章及（　　）组成。

A. 消防技术标准　　B. 国家标准

C. 地方标准　　D. 行业标准

14. 从消防法规体系上讲，下列属于消防技术标准的是（　　）。

A.《建筑防火设计规范》　　B.《中华人民共和国消防法》

C.《上海市消防条例》　　D.《上海市危险化学品消防安全管理办法》

15. 消防行政处罚是指（　　）依法对公民、法人和其他组织违反消防行政管理秩序的行为所给予的惩戒和制裁。

A. 人民法院　　B. 人民检察院　　C. 人民政府　　D. 公安机关消防机构

16. 消防行政处罚的种类有警告，罚款，没收非法财物和违法所得，责令停产停业、停止施工、停止使用，行政拘留和（　　）六类。

A. 临时查封　　B. 责令停止执业

C. 强制拆除　　D. 劳动教养

17. 对违反消防法规的人，依法在一定时间内限制其人身自由的消防行政处罚种类是（　　）。

A. 警告　　B. 罚款

C. 没收非法产品和违法所得　　D. 拘留

18.《中华人民共和国消防法》第五十八条规定，建设单位未依照《中华人民共和国消防法》规定将消防设计文件报公安机关消防机构备案，或者在竣工后未依照《中华人民共和国消防法》规定报公安机关消防机构备案的，（　　）。

A. 责令限期改正

B. 处以五千元以下罚款

C. 处以三万元以上三十万元以下罚款

D. 责令限期改正，处五千元以下罚款

19.《中华人民共和国消防法》第六十条规定，消防设施、器材或者消防安全标志的配置、设置不符合国家标准、行业标准，或者未保持完好有效的，责令改正，处以（　　）罚款。

A. 一千元以下　　B. 五千元以下

C. 五千元以上五万元以下　　D. 三万元以上三十万元以下

20.《中华人民共和国消防法》第六十一条规定，生产、储存、经营易燃易爆危险品的场所与居住场所设置在同一建筑物内，或者未与居住场所保持安全距离的，（　　）。

A. 责令停产停业，并处五千元以上五万元以下罚款

B. 责令限期改正；逾期不改正的，责令停产停业，可以并处五千元以上五万元以下罚款

C. 处以五千元以上五万元以下罚款

D. 处以三万元以上三十万元以下罚款

21. 按照《中华人民共和国治安管理处罚法》的规定，违反有关消防技术标准和管理规定生产、储存、运输、销售、使用、销毁易燃易爆危险品的，情节较轻的，（　　）。

A. 责令停产停业，并处五千元以上五万元以下罚款

B. 责令限期改正；逾期不改正的，责令停产停业，可以并处五千元以上五万元以下罚款

C. 处以五千元以上五万元以下罚款

D. 处以五日以上十日以下拘留

22.《中华人民共和国消防法》第六十五条规定，人员密集场所使用国家明令淘汰的消防产品的，（　　）。

A. 责令停产停业，并处五千元以上五万元以下罚款

B. 责令限期改正；逾期不改正的，责令停产停业，可以并处五千元以上五万元以下罚款

C. 责令限期改正；逾期不改正的，处五千元以上五万元以下罚款

D. 处以三万元以上三十万元以下罚款

23.《中华人民共和国消防法》第六十四条规定，火灾扑灭后，故意破坏现场，尚不构成犯罪的，情节较轻的，处警告或者（　　）元以下罚款。

A. 二百　B. 三百　C. 五百　D. 一千

24.《中华人民共和国消防法》第六十四条规定，火灾扑灭后，伪造现场，尚不构成犯罪的，情节较轻的，处警告或者（　）元以下罚款。

A. 二百　B. 三百　C. 五百　D. 一千

25. 某公共娱乐场所发生火灾，现场工作人员未履行组织、引导在场人员疏散的义务，情节严重，尚不构成犯罪的，依据《中华人民共和国消防法》第六十八条规定，应对其处（　）。

A. 十日以上十五日以下拘留　B. 警告

C. 五日以上十日以下拘留　D. 罚款

26. 下列属于公安机关消防部门管辖的犯罪案件是（　）。

A. 失火罪　B. 放火罪　C. 抢劫罪　D. 重大责任事故罪

27. 对失火罪的处刑是，情节较轻的处（　）。

A. 拘留　B. 拘役

C. 三年以下有期徒刑或拘役　D. 三年以上七年以下有期徒刑

28. 对消防责任事故罪的处刑中，后果严重的处（　）。

A. 拘留　B. 拘役

C. 三年以下有期徒刑或拘役　D. 三年以上七年以下有期徒刑

29.《中华人民共和国刑法》第一百三十四条规定，“强令他人违章冒险作业，因而发生重大伤亡事故或者造成其他严重后果的，处（　）年以下有期徒刑或者拘役”。

A. 三　B. 五　C. 七　D. 十

30.《中华人民共和国刑法》第一百三十六条规定，“违反爆炸性、易燃性、放射性、毒害性、腐蚀性物品的管理规定，在生产、储存、运输、使用中发生重大事故，造成严重后果的，处（　）年以下有期徒刑或者拘役。”

A. 三　B. 五　C. 七　D. 十

31. 下列不属于明火源的是（　）。

A. 炉火　B. 电焊火花　C. 烟囱飞火　D. 高温表面

32. 下列属于燃烧充分条件的是（　）。

A. 可燃物　　B. 氧化剂　　C. 引火源　　D. 一定的点火能量

33. 下列属于燃烧充分条件的是（　　）。

A. 可燃物　　B. 一定的氧气含量

C. 氧化剂　　D. 引火源

34. 根据闪点高低划分，下列液体火灾危险性最大的是（　　）。

A. 汽油（－50℃）　　B. 酒精（13℃）

C. 煤油（38～74℃）　　D. 丙酮（－18℃）

35. 根据燃点高低划分，下列火灾危险性最大的是（　　）。

A. 硫黄（207℃）　　B. 樟脑（70℃）

C. 蜡烛（190℃）　　D. 赛璐珞（100℃）

36. 评价固体火灾危险性大小，主要是看该物质（　　）的高低。

A. 闪点　　B. 燃点　　C. 含氧量　　D. 点火能量

37. 黄磷的自燃属于（　　）。

A. 氧化自燃　　B. 发酵自燃　　C. 吸附自燃　　D. 分解自燃

38. （　　）是判断可燃气体火灾危险性大小的主要依据之一。

A. 燃点　　B. 闪点　　C. 自燃点　　D. 爆炸极限

39. 下列物质发生火灾，属于C类火灾的是（　　）。

A. 纸张　　B. 煤气　　C. 汽油　　D. 金属钠

40. 下列物质发生火灾，属于D类火灾的是（　　）。

A. 金属钠　　B. 煤气　　C. 汽油　　D. 木材

41. 从防火基本原理来讲，“用水泥代替木材建造房屋”，是通过（　　）途径来提高防火性能的。

A. 控制可燃物　　B. 消除点火源

C. 控制生产中的工艺参数　　D. 防止火势扩散蔓延

42. （　　）是通过化学抑制作用达到灭火效果的。

A. 清水灭火　　B. 泡沫灭火　　C. 二氧化碳灭火　　D. 干粉灭火

43. 精密仪器发生火灾，宜使用（　　）方法灭火。

A. 清水灭火　　B. 泡沫灭火　　C. 二氧化碳灭火　　D. 干粉灭火

44.（　　）引发火灾，不可以用水扑救。

A. 金属钠　　B. 木材　　C. 纸张　　D. 棉花

45. 乙醇等水溶性液体火灾宜使用（　　）灭火。

A. 蛋白泡沫　　B. 抗溶性泡沫　　C. 高倍数泡沫　　D. 低倍数泡沫

46. 扑救火灾的最佳时机是火灾的（　　）阶段。

A. 猛烈　　B. 发展　　C. 初起　　D. 轰燃

47. 以电磁波传递热量的现象，叫做（　　）。

A. 热传导　　B. 热对流　　C. 热辐射　　D. 热传递

48. 热通过直接接触的物体从温度较高部位传递到温度较低部位的现象，叫做（　　）。

A. 热传导　　B. 热对流　　C. 热辐射　　D. 热传递

49. 有机化合物的主要特征是它们都含有（　　）。

A. 碳　　B. 铁　　C. 氯　　D. 氢

50. 有机化合物结构上的主要特点是（　　）。

A. 同分同构现象　　B. 异分同构现象

C. 同分异构现象　　D. 异分异构现象

51. 烷烃熔点的变化，基本上是随着分子量的增加而（　　）。

A. 减小　　B. 增加　　C. 不变　　D. 变化

52. 天然气的主要成分是（　　）。

A. 甲烷　　B. 乙烷　　C. 丙烷　　D. 丁烷

53. 下列有关乙烯性质的表述中，错误的是（　　）。

A. 常温常压下乙烯为无色易燃气体

B. 乙烯不溶于水

C. 乙烯易溶于水

D. 乙烯点火能量低

54. 俗称电石气的是（　　）。

A. 乙烷　　B. 乙烯　　C. 乙炔　　D. 乙醚

55. 下列烃分子中含有碳碳叁键的叫（　　）。

A. 烷烃　　B. 烯烃　　C. 炔烃　　D. 芳香烃

56. 电阻串联时，串联电路上各电阻的电压（　　）。

A. 一样大　　B. 与电阻大小成正比

C. 与电阻大小成反比　　D. 平均分配

57. 电阻并联时，通过各电阻的电流分配是（　　）。

A. 一样大　　B. 与电阻大小成正比

C. 与电阻大小成反比　　D. 平均分配

58. 由磁通发生变化而产生电动势的现象称为（　　）。

A. 电磁感应　　B. 磁感应　　C. 感应电流　　D. 感应电动势

59. 电感的单位是（　　）。

A. 焦耳　　B. 亨利　　C. 法拉　　D. 欧姆

60. 一般工业动力用的交流电通常是（　　）。

A. 直流电　　B. 单相交流电　　C. 二相交流电　　D. 三相交流电

61. 高层民用建筑是指（　　）层以上的居住建筑和建筑高度超过 24 m 且 2 层以上的公共建筑。

A. 8　　B. 10　　C. 12　　D. 24

62. 房间地平面低于室外地平面的高度超过该房间净高（　　）者称为地下室。

A. 1/2　　B. 1/3　　C. 1/4　　D. 1/5

63. 下列材料中属于有机材料的是（　　）。

A. 木材　　B. 钢材　　C. 混凝土　　D. 石材

64. 下列材料中属于无机材料的是（　　）。

A. 木材　　B. 钢材　　C. 塑料　　D. 木屑板

65. 按建筑材料燃烧性能分级，A 级材料代表（　　）。

A. 不燃材料　　B. 难燃材料　　C. 可燃材料　　D. 易燃材料

66. 处于火灾高温下的裸露钢结构往往在（　　）min 左右丧失承载能力，发生倒塌破坏。

A. 5　　B. 15　　C. 30　　D. 60

67. 下列建筑构件中属于非承重构件的是（　　）。

A. 梁　　B. 柱　　C. 屋顶　　D. 门窗

68. 下列建筑构件中承载着建筑物全部荷载的是（　　）。

A. 基础　　B. 柱　　C. 屋顶　　D. 楼板

69. 用可燃材料制成而用不燃烧体作保护层的构件属于（　　）。

A. 易燃烧体　　B. 燃烧体　　C. 难燃烧体　　D. 不燃烧体

70. 下列有关钢结构性能的表述中，错误的是（　　）。

A. 钢结构不耐火　　B. 钢结构耐腐蚀性差

C. 钢结构耐火性能好　　D. 钢结构不燃烧

71. （　　）用来表示建筑物的平面形状和大小及水平方向各部位的布置及组合关系。

A. 建筑平面图　　B. 建筑立面图　　C. 建筑剖面图　　D. 建筑总平面图

72. 用水可以扑救比水（　　）且不溶于水的可燃液体火灾。

A. 轻　　B. 相同　　C. 重　　D. 轻、重皆可

## 消防管理学

### 一、判断题（将判断结果填入括号中。正确的填“√”，错误的填“×”）

1. 从消防管理的手段上看，消防管理活动具有强制性的特征。（　　）

2.《中华人民共和国消防法》第十六条规定，单位的消防安全管理人是本单位的消防安全责任人。（　　）

3. 消防安全管理的对象主要包括人、财、物、信息、时间、事务六个方面。（　　）

4. 在消防安全管理活动中，由于法律依据往往不健全或具有滞后性，所以还应该以党和国家制定的有关方针政策作为指导原则和依据。（　　）

5. 灵活运用消防安全管理的科学原理，其目的是实现消防安全管理活动的最优化。（　　）

6. 消防安全管理的法制性原则是指依照国家制定的消防法律、法规、规章、技术标准

等规范性文件，对消防事务进行管理的原则。（ ）

7. “谁主管、谁负责”的原则，是指谁主管该项工作，谁就对该项工作中的消防安全工作负责。（ ）

8. 消防安全管理的科学性原则是指在消防管理活动中，严格遵循科学规律，善于运用消防科学知识体系和现代化技术装备，不断提高消防管理的科学化、现代化水平。（ ）

9. 社会主义市场经济要求消防管理必须逐步由法治转变成人治。（ ）

10. 根据《上海市消防安全重点单位界定标准》（2008 版），学生住宿床位数超过 50 张的学校，属于上海市消防安全重点单位。（ ）

11. 消防安全重点工种，是指从事具有较大火灾危险性和从事容易引发火灾的岗位操作人员。（ ）

12.《中华人民共和国消防法》第二条规定，实行消防安全责任制，建立健全社会化的消防工作网络。（ ）

13. 消防安全责任人应当定期向消防安全管理人报告消防安全情况，及时报告涉及消防安全的重大问题。（ ）

14. 消防安全重点单位应当确定消防安全管理人，组织实施本单位的消防安全管理工作。（ ）

15. 专职消防队扑救火灾、应急救援，可以收取必要的油料、灭火剂消耗等费用。

（ ）

16. 消防安全检查，是指为了督促、察看所辖企事业单位内部的消防工作情况和查寻、验看消防工作中存在的问题而进行的一项安全管理活动。（ ）

17. 防火巡查应当填写巡查记录，巡查人员及被巡查部门负责人应当在巡查记录上签名。（ ）

18. 在深入现场进行消防安全检查时，应按照听、看、访、议、决几个程序实施。

（ ）

19. 消防安全检查，不仅要能发现问题，更重要的是解决问题，应提出解决问题的办法和防止问题再发生的措施。（ ）

20. 单位的消防安全不在于有没有火灾隐患，而关键在于能不能及时发现和认真加以

整改。（ ）

21. 单位违反《中华人民共和国消防法》的规定，停用消防设施的，责令改正，处一万元以上十万元以下罚款。（ ）

22. 建设单位未依照《中华人民共和国消防法》规定将消防设计文件报公安机关消防机构备案的，责令限期改正，处五千元以下罚款。（ ）

23. 整改火灾隐患应当学会抓住主要矛盾，选择最佳方案。（ ）

24. 学校、幼儿园和托儿所应对学生、儿童进行消防知识的普及和启蒙教育，组织参观当地消防站、消防博物馆，参加消防夏令营等活动。（ ）

25. 为使消防安全教育工作取得明显成效，在利用各种形式开展宣传教育的同时，还要讲究时效性。（ ）

26. 灭火和应急疏散预案中的组织机构主要包括强攻灭火组、物资转移组、指挥调度组、医疗救护组。（ ）

27. 只有消防安全重点单位才需要制订灭火和应急疏散预案。（ ）

28. 消防安全重点单位应当建立健全消防档案。（ ）

29. 消防档案的管理要求是：集中管理，方便使用，克服档案分散管理、各自为政所造成的种种局限性，最大限度地发挥档案的作用。（ ）

30. 安全标志分为禁止标志、警告标志、指令标志和提示标志四大类型。（ ）

31. 指令标志的含义是向人们提供某种信息（如标明安全设施或场所等）的图形符号。（ ）

32. 机动车辆因交通事故发生火灾，公安机关消防机构应当组织调查。（ ）

33. 火灾扑灭后，发生火灾的单位应当按照公安机关消防机构的要求保护现场，接受事故调查，如实提供与火灾有关的情况。（ ）

34. 火灾调查访问是通过和那些掌握有关起火原因、起火点和火灾蔓延等第一手情况的人员所进行的交谈，为查明着火原因搜集证据材料。（ ）

35. 火灾损失的统计范围主要包括直接损失、间接损失和火灾现场清理的费用。（ ）

36. 火灾事故发生后，火灾发生单位应当对事故发生的相关因素进行全面分析，找出问题的症结所在，研究制订出改进对策，以防止类似事故的再次发生。（ ）

37. 保险责任中的火灾，是指由于人为或意外，偶然发生的起火，失去控制蔓延扩大而造成直接经济损失的着火事故。（　　）

**二、单项选择题（选择一个正确的答案，将相应的字母填入题内的括号中）**

1. 从消防管理的时间范围上看，消防管理活动具有（　　）的特征。

A. 全方位性　B. 全天候性　C. 全员性　D. 强制性

2. 从消防管理的空间范围上看，消防管理活动具有（　　）的特征。

A. 全方位性　B. 全天候性　C. 全员性　D. 强制性

3. 消防安全管理的要素主要包括六个方面，其中消防安全管理的主体，主要是研究（　　）的课题。

A. “谁来管”　B. “管什么”　C. “怎样管好”　D. “如何管”

4. 消防安全管理的要素主要包括六个方面，其中消防安全管理的依据，主要是研究（　　）的课题。

A. “谁来管”　B. “管什么”　C. “怎样管好”　D. “根据什么来管”

5. 消防管理活动中最重要的对象或资源是（　　）。

A. 人　B. 财　C. 物　D. 信息

6. 消防安全管理对象亦称消防安全管理资源，主要包括六个方面，但其中不包括（　　）。

A. 时间　B. 火灾隐患　C. 物　D. 信息

7. 在消防安全管理活动中，由于法律依据往往不健全或具有滞后性，所以还应该以（　　）作为指导原则和依据。

A. 消防技术规范　B. 领导讲话

C. 党和国家制定的有关方针政策　D. 行业或单位政策

8. 消防安全管理的法律依据是指消防安全管理活动中应遵循的各种法律、法规、规章以及（　　）等规范性文件。

A. 单位内部规章制度　B. 领导讲话

C. 技术标准　D. 经验总结

9. 消防安全管理的科学方法通常分为基本方法和技术方法两大类，其中消防安全管理的基本方法不包括（　　）。

A. 科学决策方法　　B. 行政方法

C. 法律方法　　D. 宣传教育方法

10. 消防安全管理的科学方法通常分为基本方法和技术方法两大类，其中消防安全管理的基本方法不包括（　　）。

A. 安全检查表分析方法　　B. 行政方法

C. 咨询顾问方法　　D. 宣传教育方法

11. 消防安全管理业务上的方向性原则是指坚持（　　）的消防工作方针。

A. “谁主管、谁负责”　　B. “以防为主、以消为辅”

C. “预防为主、防消结合”　　D. “专门机关与群众相结合”

12. 依照国家制定的消防法律、法规、规章、技术标准等规范性文件，对消防事务进行管理的原则，是消防安全管理基本原则中的（　　）原则。

A. 法制性

B. 方向性

C. “防消合一”

D. “政府统一领导、部门依法监管、单位全面负责、公民积极参与”

13. 一个单位的消防安全工作要由（　　）负责。

A. 当地公安派出所　　B. 本单位

C. 上级主管部门　　D. 县级以上公安机关消防机构

14. 法人单位的（　　）对本单位的消防安全工作全面负责，是理所当然的消防负责人，是消防工作的第一责任人。

A. 法定代表人

B. 消防主管

C. 消防安全管理人

D. 取得消防管理员职业资格证书的分管领导

15. “公民是消防工作的基础，是消防工作重要的参与者和监督者，没有广大人民群众的参与，消防工作就不会发展进步，全社会抗御火灾的能力就不会提高”体现了消防工作原则中的（　　）原则。

A. “政府统一领导”　　B. “部门依法监管”

C. “单位全面负责”　　D. “公民积极参与”

16. “各级人民政府必须加强对消防工作的领导，这是贯彻落实科学发展观、建设现代服务型政府、构建社会主义和谐社会的基本要求”体现了消防工作原则中的（　　）原则。

A. “政府统一领导”　　B. “部门依法监管”

C. “单位全面负责”　　D. “科学发展”

17. 运用消防安全管理方法中的法律方法可以认为是（　　）。

A. “人治”　　B. “法制”　　C. “法治”　　D. “吏治”

18. 社会各单位对于职工违反本单位消防安全管理规章制度的，采取扣发奖金的方法，是运用消防安全管理方法中的（　　）。

A. 行政方法　　B. 罚款

C. 行为激励方法　　D. 经济奖惩方法

19. 根据《上海市消防安全重点单位界定标准》（2008版），建筑面积超过（　　）$m^2$（含本数）的商场，属于上海市消防安全重点单位。

A. 1 000　　B. 2 000　　C. 3 000　　D. 5 000

20. 根据《上海市消防安全重点单位界定标准》（2008版），建筑面积超过（　　）$m^2$（含本数）的网吧，属于上海市消防安全重点单位。

A. 200　　B. 300　　C. 500　　D. 1 000

21. 以下不属于消防安全重点部位的是（　　）。

A. 发生火灾影响整个单位正常运转的部位和机要部位

B. 人员集中、发生火灾造成伤亡大的部位

C. 火灾危险性大的部位

D. 发生火灾损失不大的部位

22. 以下不属于消防安全重点部位的是（　　）。

A. 集体宿舍　　B. 医院病房

C. 生产总控制室　　D. 领导办公室

23. 下列工种中属于消防B级工种的是（　　）

A. 油漆喷涂岗位作业人员　　B. 乙类危险品仓库保管员

C. 电工　　D. 木工

24. 丙类危险品仓库保管属于消防（　　）级工种。

A. A　　B. B　　C. C　　D. D

25. 关于消防安全责任制，以下叙述中正确的是（　　）。

A. 地方各级人民政府应当对本行政区域内的消防工作负责

B. 单位的法定代表人或者主要负责人应当对本单位的消防安全工作全面负责

C. 每位分管领导应当对自己分管工作范围内的消防安全工作负责

D. 以上三项均正确

26. 关于消防安全责任制，以下叙述中错误的是（　　）。

A. 地方各级人民政府应当对本行政区域内的消防工作负责

B. 单位的法定代表人或者主要负责人应当对本单位的消防安全工作全面负责

C. 单位的全体员工应当对本单位的消防安全工作全面负责

D. 每位分管领导应当对自己分管工作范围内的消防安全工作负责

27. 以下叙述中，不属于单位消防安全责任人的职责的是（　　）。

A. 批准实施年度消防工作计划　　B. 拟订年度消防工作计划

C. 处理涉及消防安全的重大问题　　D. 批准实施消防制度

28. 以下叙述中，属于单位消防安全责任人的职责的是（　　）。

A. 批准实施年度消防工作计划

B. 拟订年度消防工作计划

C. 拟订消防安全工作的资金投入方案

D. 组织制定消防制度

29. 以下叙述中，属于单位消防安全管理人的职责的是（　　）。

A. 批准实施年度消防工作计划　　B. 拟订年度消防工作计划

C. 处理涉及消防安全的重大问题　　D. 批准实施消防制度

30. 以下叙述中，属于单位消防安全管理人的职责的是（　　）。

A. 批准实施年度消防工作计划　　B. 处理涉及消防安全的重大问题

C. 组织制定消防制度　　D. 批准实施消防制度

31. 消防安全重点单位应当确定（　　），组织实施本单位的消防安全管理工作。

A. 消防安全管理人　　B. 消防安全责任人

C. 保安队长　　D. 消防队长

32. 以下叙述中，属于单位消防工作归口管理职能部门职责的是（　　）。

A. 检查本单位的火灾隐患

B. 负责消防设施器材的配置和维护管理工作

C. 积极配合公安消防机构做好工作

D. 以上三项均正确

33.《中华人民共和国消防法》规定（　　）应当建立专职消防队。

A. 国家机关　　B. 综合性大学　　C. 民用机场　　D. 客运车站

34. 单位专职消防队、志愿消防队参加扑救外单位火灾所损耗的燃料、灭火剂和器材、装备等，由（　　）给予补偿。

A. 火灾发生地的人民政府

B. 失火单位

C. 火灾发生地的公安机关消防机构

D. 上级主管部门

35. 实行逐级防火安全责任制，就防火检查通常规定部门领导（　　）。

A. 每月检查　　B. 每周检查　　C. 每日巡查　　D. 每日自查

36. 实行逐级防火安全责任制，就防火检查通常规定班组领导（　　）。

A. 每月检查　　B. 每周检查　　C. 每日巡查　　D. 每日自查

37. 关于消防安全检查的作用，以下说法中错误的是（　　）。

A. 消防安全检查可以督促各种消防法规、规章制度和措施的贯彻落实

B. 消防安全检查可以发现人民群众关心、爱护财产的程度

C. 消防安全检查不能促进消防安全责任制的落实

D. 消防安全检查可以起到宣传消防知识的作用

38.《人员密集场所消防安全管理》（GA654—2006）规定，旅馆、商店、公共娱乐场所在营业时间应至少每（　　）h 巡查一次，营业结束后应检查并消除遗留火种。

A. 1　　B. 2　　C. 3　　D. 4

39.《人员密集场所消防安全管理》（GA654—2006）规定，医院、养老院及寄宿制的学校、托儿所和幼儿园应组织每日夜间防火巡查，且不应少于（　　）次。

A. 2　　B. 3　　C. 4　　D. 6

40.《机关、团体、企业、事业单位消防安全管理规定》规定，企业应当至少（　　）进行一次防火检查。

A. 每日　　B. 每周　　C. 每月　　D. 每季度

41. 在开展消防安全检查时，检查值班制度的落实情况和值班人员尽职尽责情况，宜选择在（　　）检查。

A. 夜间　　B. 白天　　C. 中午　　D. 傍晚

42. 值班问题在（　　）最能暴露薄弱环节。

A. 夜间　　B. 白天　　C. 中午　　D. 傍晚

43. 正确的火灾隐患整改方案不包括（　　）。

A. 安全与生产相统一　　B. 形式与内容相统一

C. 安全与经济相统一　　D. 时间与实力相统一

44. 单位违反《中华人民共和国消防法》的规定，有（　　）行为的，责令改正，处五千元以上五万元以下罚款。

A. 阻碍消防车执行任务的

B. 违反消防安全规定进入储存易燃易爆危险品场所的

C. 建筑设计单位不按照消防技术标准强制性要求进行消防设计的

D. 占用、堵塞、封闭疏散通道的

45.（　　）消防违法行为应当责令限期整改。

A. 挪用消防设施的

B. 建筑设计单位不按照消防技术标准强制性要求进行消防设计的

C. 消防安全重点单位未确定消防安全管理人的

D. 非法携带易燃易爆危险品乘坐公共交通工具的

46. 关于整改火灾隐患的要求，下列叙述中错误的是（　　）。

A. 抓住主要矛盾，选择最佳方案

B. 树立政治观念

C. 关键设备和要害部位要严字当头

D. 遵守法定期限

47. 关于整改火灾隐患的要求，下列叙述中错误的是（　　）。

A. 抓住次要矛盾，选择最佳方案

B. 树立价值观念

C. 关键设备和要害部位要严字当头

D. 遵守法定期限

48.《机关、团体、企业、事业单位消防安全管理规定》规定，消防安全重点单位对每名员工应当至少（　　）进行一次消防安全培训。

A. 每月　　B. 每季度　　C. 每半年　　D. 每年

49. 根据《机关、团体、企业、事业单位消防安全管理规定》的规定，（　　）人员不需要参加消防安全专门培训。

A. 单位的消防安全责任人　　B. 总经理秘书

C. 兼职消防管理人员　　D. 消防安全管理人

50. 进行消防安全教育要讲究时效性，（　　）消防安全教育的内容不适合在夏季进行。

A. 危险品防自燃　　B. 电气取暖防火

C. 危险品防热　　D. 危险品防潮

51. 灭火和应急疏散预案不包括（　　）内容。

A. 公安消防队的调派程序　　B. 扑救初起火灾的程序和措施

C. 报警和接警处置程序　　D. 通信联络的程序和措施

52. 火灾发生后，向室内或被困人员发出通报的内容不包括（　　）。

A. 火灾情况　　B. 引导人员疏散路线、方向

C. 稳定人员情绪　　D. 当天的天气情况

53. 火灾发生后，向室内或被困人员发出通报的内容不包括（　　）。

A. 火灾情况　　B. 单位临时救灾指挥部的成员组名单

C. 稳定人员情绪　　D. 引导人员疏散路线、方向

54. 非消防安全重点单位应按照灭火和应急疏散预案的要求，至少每（　　）进行一次演练。

A. 月　　B. 季度　　C. 半年　　D. 年

55. 下列对消防档案的管理和使用要求的描述中，错误的是（　　）。

A. 档案无须清理，及时补充　　B. 档案需定期清理，及时补充

C. 随时查阅，找出问题　　D. 管理用活，注意保密

56. 安全标志中，基本形式为带斜杠的圆形框的标志属于（　　）。

A. 禁止标志　　B. 警告标志　　C. 指令标志　　D. 提示标志

57. 安全标志中，含义为提醒人们对周围环境引起注意，以避免可能发生危险的图形标志是（　　）。

A. 禁止标志　　B. 警告标志　　C. 指令标志　　D. 提示标志

58. 安全标志中，含义为强制人们必须做出某种动作或采用防范措施的图形标志是（　　）。

A. 禁止标志　　B. 警告标志　　C. 指令标志　　D. 提示标志

59. 安全标志中，含义为向人们提供某种信息（如标明安全设施或场所等）的图形标志是（　　）。

A. 禁止标志　　B. 警告标志　　C. 指令标志　　D. 提示标志

60. 公安机关消防机构对火灾事故进行处理时，对涉嫌消防责任事故罪的，按照公安机关办理刑事案件的有关规定立案侦查，依法追究（　　）责任。

A. 民事　　B. 刑事　　C. 行政　　D. 民事和行政

61. 在火灾事故调查中，具有下列（　　）情形的，公安机关消防机构应当立即报告主管公安机关通知具有管辖权的公安机关刑侦部门。

A. 具有放火嫌疑的火灾

B. 没有放火嫌疑的一般火灾

C. 仅有轻微直接财产损失的火灾

D. 没有人员伤亡且直接财产损失轻微的火灾

62. 下列关于发生火灾的单位正确划定火灾现场保护范围的说法中，正确的是（　　）。

A. 火灾现场保护范围的划定，应根据着火物质的性质和燃烧特点等不同情况来决定

B. 火灾现场保护的时间应从发现起火时起至失去保护价值时止

C. 火灾现场保护的撤销，应由公安机关消防机构或立案机关决定

D. 以上三项均正确

63. 火灾事故发生后，应当接受调查访问的人员中不包括（　　）。

A. 最先发现起火的人　　B. 现场围观的无关人员

C. 报火警的人　　D. 熟悉起火部位周围或火场周围情况的人

64.（　　）不属于火灾直接经济损失范围。

A. 火灾中烟熏损失　　B. 火灾中破拆损失

C. 火灾中人员伤亡处理费用　　D. 火灾中水渍损失

65. 引起火灾事故的原因包括基础原因、间接原因和直接原因，其中（　　）属于基础原因。

A. 员工违反安全操作规程　　B. 消防安全制度不落实

C. 员工不懂消防安全知识　　D. 员工不能熟练地运用安全措施

66. 火灾保险在保险学科中简称火险，是（　　）的一种。

A. 财产保险　　B. 人身保险　　C. 金融保险　　D. 医疗保险

67. 在企业财产保险的火灾损失赔偿责任的判定中，下列属于火灾赔偿责任的是（　　）。

A. 由于烘、烤等作业而造成物质焦煳变质

B. 被焚烧的物体是不应烧毁的

C. 电气设备因使用过度造成本身损毁

D. 点火烧荒

68. 不属于企业财产保险中“三停”的是（　　）。

A. 停电　　B. 停业　　C. 停水　　D. 停气

69. 不属于企业财产保险中“三停”的是（　）。

A. 停电　　B. 停水　　C. 停产　　D. 停气

## 消防分科管理

### 一、判断题（将判断结果填入括号中。正确的填“√”，错误的填“×”）

1. 我国的建筑设计防火规范把建筑物的耐火等级划分为一级、二级、三级、四级，其中一级最高，耐火能力最强。（　）

2. 高层民用建筑的消防车道宽度不应小于 3.5 m。（　）

3. 水平防火分区的作用是防止火灾在竖直方向蔓延扩大。（　）

4. 竖向防火分区的作用是防止火灾在水平方向蔓延扩大。（　）

5. 高层建筑中庭防火分区面积应按上下层连通的面积叠加计算。（　）

6. 防火分区的分隔物是防火分区的边缘构件，一般有防火墙、耐火楼板、防火门、防火卷帘、防火水幕带、敞开楼梯间等。（　）

7. 防火门按耐火性能分为隔热防火门（甲类）、部分隔热防火门（乙类）和非隔热防火门（丙类）。（　）

8. 防火墙上不应开设门窗洞口，如必须开设时，应设置乙级防火门窗。（　）

9. 设在疏散走道和前室的防火卷帘，只需具有手动和机械控制两种控制功能。（　）

10. 甲级 A 类防火窗的最低耐火极限是 1.2 h。（　）

11. 防火水幕带可以起防火墙的作用，在某些需要设置防火墙或其他防火分隔物而无法设置的情况下，可采用防火水幕带进行分隔。（　）

12. 为了防止火灾从外墙窗口向上层蔓延，一个最有效的办法就是降低上下楼层间窗间墙（即窗槛墙）的高度，或在窗口上方设置挑檐。（　）

13. 防烟、封闭楼梯间的主要功能是保证人员安全疏散。（　）

14. 防火阀可手动关闭，也可与火灾报警系统联动自动关闭，无须由人工手动复位。（　）

15. 火灾时当排烟系统的管道内气流温度达到 70℃时，排烟防火阀会自动关闭。（　　）

16. 限制安全疏散距离的目的，在于缩短疏散时间，使人们尽快从火灾现场疏散到安全区域。（　　）

17. 高层建筑每层疏散楼梯最小总宽度应按其通过人数 2 m/100 人计算。（　　）

18. 单层、多层民用建筑中的疏散走道（观众厅内的疏散走道除外）和楼梯的最小净宽度不应小于 1 m。（　　）

19. 根据防火要求，可将楼梯间分为开敞楼梯间、封闭楼梯间、防烟楼梯间和剪刀楼梯间四种形式。（　　）

20. 公共建筑的敞开疏散楼梯两段之间的水平净距不宜小于 150 mm。（　　）

21. 当防烟楼梯间不能直接天然采光和自然通风时，应按封闭楼梯间规定设置。（　　）

22. 封闭楼梯间是指具有防烟前室和防排烟设施并与建筑物内使用空间分隔的楼梯间。（　　）

23. 防烟楼梯间入口处应设前室、阳台或凹廊。（　　）

24. 疏散走道要简明直接，尽量避免弯曲。（　　）

25. 所谓安全出口是指供人员安全疏散用的房间的门、楼梯或直通室外地平面的门。（　　）

26. 厂房的地下室的安全出口的数目不应少于两个，但使用面积不超过 500 $m^2$，且人数不超过 15 人时可设一个。（　　）

27. 疏散走道的应急照明，其地面最低水平照度不应低于 5 lx。（　　）

28. 疏散走道的指示标志宜设在疏散走道及其转角处距地面 1 m 以上的墙面上。（　　）

29. 未设置火灾应急广播的火灾自动报警系统，应设置火灾警报装置。（　　）

30. 任何建筑物都必须设有专用或兼用消防电梯。（　　）

31. 为了便于使用，消防电梯应当设在同一个防火分区内。（　　）

32. 避难层是超高层建筑中供发生火灾时人员临时避难使用的楼层。（　　）

33. 建筑高度超过 100 m 且标准层建筑面积超过 1 000 $m^2$ 的旅馆、办公楼、综合楼等公共建筑屋顶必须设直升机停机坪。（　　）

34. 电气线路火灾发生的原因主要有过载、短路、接触不良等。（　　）

35. 工业企业供配电系统电力网的额定电压分为三类，其中第一类额定电压是小于380 V的电压。（　）

36. 架空线路越长，导线越细，负荷电流越小，电压损失越小。（　）

37. 在室内外布线时，要正确选择线路路径，尽量走近路、走直路，避免曲折迂回，减少交叉跨越。（　）

38. 临时用电线路应得到有关部门的批准，方可安装敷设。（　）

39. 接零就是把电气设备的某一部分通过接地装置同大地之间做良好的电气连接。（　）

40. 在短路保护措施中主要采用熔断器保护和自动空气开关保护。（　）

41. 各类建（构）筑物根据其重要性、使用性质以及发生雷电事故的可能性和后果，按防雷要求分为两类。（　）

42. 爆竹不属于爆炸品。（　）

43. 爆炸品的危险特性主要有爆炸性、敏感性、殉爆、毒害性等。（　）

44. 根据气体在运输中的主要危险性，可分为易燃气体、非易燃无毒气体和毒性气体三种。（　）

45. 一般易燃气体爆炸极限的下限越低、爆炸极限范围越宽、自燃点越低、最小点火能量越小，越易引起燃烧和爆炸。（　）

46. 液体的燃烧或爆炸实际上是液体的蒸气燃烧，即当易燃液体表面上蒸气浓度在空气中达到一定量时，遇点火源发生燃烧或爆炸。（　）

47. 呈粉末状的物质，如镁粉，不仅易燃，而且易飞散在空气中形成爆炸性混合物，遇火源即发生粉尘爆炸。（　）

48. 由于黄磷不与水发生作用，故将其浸没在水中储存和运输。（　）

49. 扑救遇湿易燃物质火灾时，应使用水或泡沫灭火剂灭火。（　）

50. 大多数氧化剂，尤其是碱性氧化剂，遇酸反应剧烈，甚至引起爆炸。（　）

51. 毒害品经口服会引起人体中毒，若吸入其蒸气、粉尘或皮肤接触则不会引起中毒。（　）

52. 腐蚀品指能灼伤人体组织，但不能对金属等物品造成损坏。（　）

53. 化学点火源包括明火和电火花。（ ）

54. 对于所需点火能量较小的散发可燃性气体等的火灾爆炸危险场所，必须尽量避免电气火花的产生。（ ）

55. 动火作业根据作业区域火灾危险性的大小分为一级、二级和三级三个级别。（ ）

56. 在固定动火区域内的动火作业，必须办理动火许可证。（ ）

57. 一级动火许可证的有效时间是两天（48 h）。（ ）

58. 一级动火许可证由主管厂长或总工程师终审批准。（ ）

59. 动火执行人发现不具备动火条件时，无权拒绝动火，但可以向单位防火安全管理部门报告。（ ）

60. 动火分析不宜过早，一般不要早于动火 30 min。（ ）

61. 人员密集场所宜与甲、乙类厂房、仓库组合布置及贴邻布置。（ ）

62. 人员密集场所营业时必须保证疏散门畅通无阻，绝不允许将疏散门封堵、上锁，或在疏散走道上放置任何影响疏散的物资。（ ）

63. 商场要严格控制易燃易爆商品的销售，在经营销售摩丝、丁烷气（打火机用）等具有易燃危险的商品时，应把现货数量控制在一周的销售量以内。（ ）

64. 人员密集场所各种消防设施、器材，都应灵敏好用，经常处于良好状态。（ ）

65. 商场在营业时可以视情况进行设备检修、电气焊、油漆粉刷等施工、维修作业。（ ）

66. 人员密集场所应建立消防安全例会制度，处理涉及消防安全的重大问题，研究、部署、落实本场所的消防安全工作计划和措施。（ ）

67. 举办展览、展销、演出等大型群众性活动，应事先根据场所的疏散能力核定容纳人数，活动期间应对人数进行控制，采取防止超员的措施。（ ）

68. 我国将储存物品的火灾危险性分为甲、乙、丙、丁四类。（ ）

69. 库存物品应当分类、分垛储存，每垛占地面积不宜大于 50 $m^2$。（ ）

70. 拖拉机不准进入甲、乙、丙类物品库房，汽车可以。（ ）

71. 库房内不准设置移动式照明灯具。照明灯具下方不准堆放物品，其垂直下方与储存物品水平间距不得小于 1 m。（ ）

72. 仓库区应当设置醒目的禁火标志。（ ）

73. 库区的消防车道和仓库的安全出口、疏散楼梯等处严禁堆放物品。（ ）

**二、单项选择题（选择一个正确的答案，将相应的字母填入题内的括号中）**

1. 我国的建筑设计防火规范把建筑物的耐火等级划分为（ ）级。

A. 一　B. 二　C. 三　D. 四

2. 我国的建筑设计防火规范把建筑物的耐火等级划分为一级、二级、三级、四级，其中（ ）最高，耐火能力最强。

A. 一级　B. 二级　C. 三级　D. 四级

3. 高层民用建筑的消防车道宽度不应小于（ ）m。

A. 3　B. 3.5　C. 4　D. 6

4. 对于低多层民用建筑，耐火等级为一级、二级的建筑之间的防火间距不应小于（ ）m。

A. 6　B. 7　C. 9　D. 10

5. 采用具有一定耐火性能的分隔构件划分的，能在一定时间内防止火灾向同一建筑物的其他部分蔓延的局部区域是指（ ）。

A. 防烟分区　B. 防火分区　C. 避难区域　D. 安全区域

6. 下列叙述中，不是防火分区的主要作用的是（ ）。

A. 为人员安全疏散提供有利条件

B. 为消防扑救提供有利条件

C. 有效地把火势控制在一定的范围内

D. 提高建筑耐火等级

7. 水平防火分区的作用是防止火势在（ ）方向的蔓延扩大。

A. 水平　B. 竖直　C. 上风　D. 下风

8. 能防止火灾在水平方向蔓延扩大的防火分区是（ ）。

A. 水平防火分区　B. 竖向防火分区

C. 层间防火分区　D. 立体防火分区

9. 下列选项中，不是竖向防火分区的主要作用的是（ ）。

A. 为人员安全疏散提供有利条件

B. 为消防扑救提供有利条件

C. 防止火灾在水平方向蔓延扩大

D. 防止火灾从起火层向其他楼层垂直蔓延

10. 下列选项中，不是竖向防火分区的主要作用的是（　　）。

A. 防止火灾蔓延到邻近建筑物

B. 为消防扑救提供有利条件

C. 有效地把火势控制在一定的范围内

D. 防止火灾从起火层向其他楼层垂直蔓延

11. 对于设有自动灭火系统的一类高层民用建筑，其每个防火分区的最大允许建筑面积为（　　）$m^2$。

A. 500　　B. 1 000　　C. 1 500　　D. 2 000

12. 下列选项中，属于水平方向划分防火分区的防火分隔物是（　　）。

A. 耐火楼板　　B. 防烟楼梯间

C. 上下楼层之间的窗间墙　　D. 防火墙

13. 对高层民用建筑，防火墙的耐火极限不应低于（　　）h。

A. 2　　B. 3　　C. 4　　D. 6

14. 甲级A类防火门的最低耐火极限是（　　）h。

A. 0.5　　B. 1.0　　C. 1.2　　D. 1.5

15. 乙级A类防火门的最低耐火极限是（　　）h。

A. 0.5　　B. 0.9　　C. 1.0　　D. 1.5

16. 下列关于防火门的设置要求中，说法错误的是（　　）。

A. 用于疏散通道上的乙级防火门，宜做成单向开启的带有闭门器的防火门

B. 用于防火墙上的乙级防火门，宜做成自动兼手动的平开门或推拉门

C. 在疏散走道的防火门应具有自动关闭的功能

D. 疏散通道上的防火门应为向疏散方向开启的平开门

17. 在建筑物的防火分区之间如需要通行时，应设置（　　）。

A. 甲级防火门　B. 乙级防火门　C. 丙级防火门　D. 丁级防火门

18. 用防火卷帘代替防火墙时，其两侧应设水幕系统保护，或采用耐火极限不小于（　）h 的复合防火卷帘。

A. 1　B. 2　C. 3　D. 4

19. 防火卷帘应装配温控释放装置，当释放装置的感温元件周围温度达到（　）℃±0.5℃时，释放装置运作，卷帘应依自重下降关闭。

A. 58　B. 68　C. 73　D. 93

20. 防火卷帘门两侧各 0.5 m 范围内不得堆放物品，并应用（　）标志线划定范围。

A. 黄色　B. 红色　C. 绿色　D. 白色

21. 甲级 A 类防火窗的最低耐火极限是（　）h。

A. 0.5　B. 1.0　C. 1.2　D. 1.5

22. 防火水幕带可以起防火墙的作用，其中水幕喷头的排列不应少于（　）排。

A. 2　B. 3　C. 5　D. 6

23. 为了防止火灾从外墙窗口向上层蔓延，一个最有效的办法就是增高上下楼层间窗间墙的高度，参照国外有关资料，建议窗槛墙高度不宜小于（　）m。

A. 0.8　B. 1.0　C. 1.2　D. 1.5

24. 凡符合建筑耐火设计要求的楼板则为耐火楼板，其中一级耐火等级建筑物的楼板应为（　）。

A. 不燃烧体　B. 可燃烧体　C. 易燃烧体　D. 难燃烧体

25. 关于防火带，下列说法中错误的是（　）。

A. 防火带中的屋顶结构可以用可燃性材料制作

B. 防火带最好设置在厂房、仓库内的通道部位

C. 防火带下不得堆放可燃物资

D. 防火带下不得搭建可燃建（构）筑物

26. 火灾时当中央通风、空调系统管道内气流温度达到或超过（　）℃时，防火阀关闭。

A. 70　B. 150　C. 280　D. 300

27. 当排烟系统中的烟气温度达到或超过（　　）℃时，排烟防火阀自动关闭，防止火灾向其他部位蔓延扩大。

A. 58　　B. 70　　C. 280　　D. 500

28. 关于排烟防火阀的设置要求，下列叙述中错误的是（　　）。

A. 排烟管道进入排烟风机机房处，应设排烟防火阀

B. 通风管道穿越防火墙处应设防火阀

C. 在必须穿过防火墙的排烟管道上，应设排烟防火阀

D. 通风管道穿越不燃烧体楼板处应设排烟防火阀

29. 防烟分区是指以屋顶挡烟隔板、挡烟垂壁或从顶棚向下突出不小于（　　）mm的梁为界，从地板到屋顶或吊顶之间的规定空间。

A. 100　　B. 300　　C. 500　　D. 800

30. 对于一级、二级耐火等级的一般民用建筑，其安全疏散允许时间可按（　　）min考虑。

A. 5～7　　B. 6　　C. 2～4　　D. 15

31. 对于高层民用建筑，其观众厅每个疏散出口的平均疏散人数不应超过（　　）人。

A. 200　　B. 250　　C. 300　　D. 350

32. 单层、多层民用建筑中的楼梯的最小净宽度不应小于（　　）m。

A. 0.8　　B. 1　　C. 1.1　　D. 1.2

33. 汽车库、修车库的室内疏散楼梯的宽度不应小于（　　）m。

A. 0.8　　B. 1　　C. 1.1　　D. 1.2

34. 关于疏散楼梯间的设置要求，下列叙述中错误的是（　　）。

A. 楼梯间的布置，应尽量避免形成袋形走道

B. 楼梯间应靠近标准层的两端布置

C. 楼梯间应布置在防火分区的中间

D. 楼梯间及其前室内不应附设可燃材料储藏室

35. 公共建筑的敞开疏散楼梯两段之间的水平净距不宜小于（　　）mm。

A. 80　　B. 100　　C. 150　　D. 200

36. 公共建筑的敞开疏散楼梯两段之间的水平净距不宜小于（　　）mm。

A. 60　　B. 80　　C. 100　　D. 150

37. 高层民用建筑中封闭楼梯间的门应为向疏散方向开启的（　　）防火门。

A. 甲级　　B. 乙级　　C. 丙级　　D. 丁级

38. 封闭楼梯间应靠外墙，并能直接天然采光和自然通风，当不能直接天然采光和自然通风时，应按（　　）规定设置。

A. 防烟楼梯间　　B. 敞开楼梯间　　C. 室外楼梯间　　D. 普通楼梯间

39. 具有防烟前室和防排烟设施并与建筑物内使用空间分隔的楼梯间形式是（　　）。

A. 防烟楼梯间　　B. 敞开楼梯间　　C. 室外楼梯间　　D. 封闭楼梯间

40. 防烟楼梯间独立前室的面积，对公共建筑不应小于（　　）$m^2$。

A. 4.5　　B. 6　　C. 8　　D. 10

41. 在室外疏散楼梯周围（　　）m 范围内的墙上，除疏散门外，不应开设其他门窗洞口。

A. 1　　B. 2　　C. 2.5　　D. 3

42. 高层建筑的安全出口应分散布置，两个安全出口之间的距离不应（　　）m。

A. 5　　B. 10　　C. 15　　D. 18

43. 高层建筑内设有固定座位的观众厅，每个疏散出口的平均疏散人数不应超过（　　）人。

A. 150　　B. 200　　C. 250　　D. 300

44. 一般情况下，高层建筑每个防火分区的安全出口不应少于（　　）个。

A. 1　　B. 2　　C. 3　　D. 4

45. 体育馆观众厅安全出口的数目不应少于（　　）个，且每个安全出口的平均疏散人数不宜超过 400～700 人。

A. 1　　B. 2　　C. 3　　D. 4

46. 一般情况下，汽车库的每个防火分区内的人员安全出口不应少于（　　）个。

A. 1　　B. 2　　C. 3　　D. 4

47. 疏散走道的应急照明，其地面最低水平照度不应低于（　　）lx。

A. 0.5　　B. 1　　C. 2　　D. 5

48. 走道疏散标志灯的间距不应大于（　　）m。

A. 10　　B. 15　　C. 20　　D. 30

49. 在环境噪声大于 60 dB 的场所设置的扬声器，其播放范围内最远点的播放声压级应高于背景噪声（　　）dB。

A. 15　　B. 20　　C. 25　　D. 30

50. 每个防火分区至少应安装（　　）个火灾警报装置。

A. 1　　B. 2　　C. 3　　D. 4

51. 当高层建筑每层建筑面积不大于（　　）$m^2$ 时，应设一台。

A. 500　　B. 1 000　　C. 1 500　　D. 4 500

52. 当高层建筑每层建筑面积大于 1 500 $m^2$ 但不大于 4 500 $m^2$ 时，应设（　　）台。

A. 1　　B. 2　　C. 3　　D. 4

53. 消防电梯的行驶速度，应按从首层到顶层的运行时间不超过（　　）min 计算确定。

A. 0.5　　B. 0.6　　C. 1　　D. 1.5

54. 以下避难层的类型中，不包括（　　）。

A. 敞开式避难层　　B. 半敞开式避难层

C. 封闭式避难层　　D. 防烟式避难层

55. 建筑高度超过（　　）m 的旅馆、办公楼、综合楼等公共建筑应设避难层。

A. 50　　B. 80　　C. 100　　D. 150

56. 建筑高度超过（　　）m 且标准层建筑面积超过 1 000 $m^2$ 的旅馆屋顶宜设直升飞机停机坪。

A. 24　　B. 50　　C. 100　　D. 150

57. 建筑高度超过 100 m 且标准层建筑面积超过（　　）$m^2$ 的办公楼屋顶宜设直升飞机停机坪。

A. 500　　B. 800　　C. 1 000　　D. 1 500

58. 一般情况下，电气火灾多发生在（　　）。

A. 夏季、冬季　　B. 秋季、冬季　　C. 春季、夏季　　D. 春季、秋季

59. 关于电气火灾发生的一般特点，以下说法正确的是（　　）。

A. 电气火灾多发生在夏季、冬季

B. 许多大火往往发生在节日、假日

C. 许多大火往往发生在夜间

D. 以上三项均正确

60. 接触不良实际上是接触电阻过大，接触电阻过大的基本原因是（　　）。

A. 连接质量不好　　B. 长期运行

C. 热的作用　　D. 振动作用

61. 工业企业供配电系统电力网额定电压分为三类，其中第一类额定电压为小于（　　）V 的电压。

A. 100　　B. 220　　C. 380　　D. 1 000

62. 工业企业供配电系统电力网的额定电压分为三类，其中第二类额定电压是大于 100 V，小于（　　）V 的电压。

A. 100　　B. 220　　C. 380　　D. 1 000

63. 以下关于架空线路的防火措施的叙述中，正确的是（　　）。

A. 合理选择导线　　B. 注意安全距离

C. 安装防雷设备　　D. 以上三项均正确

64. 以下关于室内、外布线的防火措施的叙述中，正确的是（　　）。

A. 合理设计　　B. 严格施工

C. 布线要符合要求　　D. 以上三项均正确

65. 以下关于室内、外布线的防火措施的叙述中，正确的是（　　）。

A. 严格施工　　B. 布线要符合要求

C. 导线连接要牢固　　D. 以上三项均正确

66. 电缆穿越楼板的孔洞，必须用（　　）严密封堵，防止电缆火灾蔓延扩大。

A. 非燃烧材料　　B. 难燃烧材料　　C. 可燃烧材料　　D. 易燃烧材料

67. 关于临时用电线路的防火要求，以下叙述正确的是（　　）。

A. 临时架空用电线路不得妨碍人员通行

B. 临时架空用电线路不得威胁人身安全

C. 临时架空用电线路不得将导线悬挂在树木之上

D. 以上三项均正确

68. 关于临时用电线路的防火要求，以下叙述错误的是（　　）。

A. 临时架空用电线路不得妨碍人员通行

B. 临时架空用电线路不得威胁人身安全

C. 临时架空用电线路可以将导线悬挂在树木之上

D. 临时用电线路的电源要有良好的安全保护装置

69. 接地与接零是防止（　　）而造成触电危险的重要安全技术措施。

A. 摩擦

B. 电气线路遭受雷击过电压或电气设备外壳意外带电

C. 接触不良

D. 静电

70. 接地与接零是防止（　　）而造成触电危险的重要安全技术措施。

A. 电气线路遭受雷击过电压或电气设备外壳意外带电

B. 短路

C. 过载

D. 接触电阻过大

71. 在短路保护措施中主要采用（　　）保护。

A. 熔断器　　B. 自动空气开关

C. 熔断器和自动空气开关　　D. 避雷针

72. 以下选项中，不属于第二类防雷电建筑物的是（　　）。

A. 国家级重点文物保护的建筑物　　B. 省级档案馆

C. 国家级档案馆　　D. 国家级的办公建筑物

73. 以下选项中，不属于第二类防雷电建筑物的是（　　）。

A. 国家级重点文物保护的建筑物　　B. 省级重点文物保护的建筑物

C. 国家级的会堂　　D. 国家级的办公建筑物

74. 根据危险化学品分类，以下属于第三类危险品的是（　）。

A. 爆炸品　　B. 气体　　C. 易燃液体　　D. 易燃固体

75. 根据危险化学品分类，以下属于第二类危险品的是（　）。

A. 爆炸品　　B. 气体　　C. 易燃液体　　D. 易燃固体

76. 下列选项中属于爆炸品的是（　）。

A. 一氧化碳　　B. 木材　　C. 乙炔气　　D. 爆竹

77. 下列选项中属于爆炸品的是（　）。

A. 硫酸　　B. TNT　　C. 氨气　　D. 煤气

78. 以下选项中，属于爆炸品的危险特性是（　）。

A. 爆炸性　　B. 敏感性　　C. 殉爆　　D. 以上三项均正确

79. 以下选项中，属于爆炸品的危险特性是（　）。

A. 爆炸性　　B. 殉爆　　C. 毒害性　　D. 以上三项均正确

80. 以下选项中，属于易燃气体的是（　）。

A. 乙炔气　　B. 氧气　　C. 氮气　　D. 硫酸

81. 以下选项中，属于易燃气体的是（　）。

A. 液化石油气　　B. 氧气　　C. 氮气　　D. 汽油

82. 下列选项中，没有窒息性和毒害性的气体是（　）。

A. 乙炔气　　B. 氧气　　C. 一氧化碳　　D. 液化石油气

83. 下列选项中，没有窒息性和毒害性的气体是（　）。

A. 乙炔气　　B. 压缩空气　　C. 煤气　　D. 硫酸

84. 下列选项中，属于易燃液体的是（　）。

A. 压缩空气　　B. 汽油　　C. 果汁　　D. 硫酸

85. 下列选项中，属于易燃液体的是（　）。

A. 乙醚　　B. 一氧化碳　　C. 啤酒　　D. 盐酸

86. 评价液体火灾危险性大小的主要依据是（　）。

A. 燃点　　B. 闪点　　C. 氧指数　　D. 爆炸极限

87. 闪点是评价（　　）火灾危险性大小的主要依据。

A. 液体　　B. 固体　　C. 气体　　D. 碱金属

88. 氧指数通常是用来对固体材料的可燃性和阻燃性进行评价和分类的一个特性指标，其中易燃材料的氧指数为（　　）。

A. <20%　　B. 20%～27%　　C. 27%～50%　　D. >50%

89. 氧指数通常是用来对固体材料的可燃性和阻燃性进行评价和分类的一个特性指标，其中不燃材料的氧指数为（　　）。

A. <20%　　B. 20%～27%　　C. 27%～50%　　D. >50%

90. 下列选项中，属于自燃物品的是（　　）。

A. 黄磷　　B. 樟脑　　C. 萘　　D. 金属钠

91. 下列选项中，属于自燃物品的是（　　）。

A. 石墨　　B. 萘　　C. 硝化纤维　　D. 火药

92. 下列选项中，属于遇湿易燃物品的是（　　）。

A. 樟脑　　B. 火药　　C. 金属钠　　D. 甲醇

93. 下列选项中，属于遇湿易燃物品的是（　　）。

A. 金属钾　　B. 黄磷　　C. 樟脑　　D. 乙醇

94. 下列选项中，属于氧化剂的是（　　）。

A. 萘　　B. 黄磷　　C. 樟脑　　D. 高锰酸钾

95. 下列选项中，属于氧化剂的是（　　）。

A. 冰醋酸　　B. 高锰酸钾　　C. 樟脑　　D. 火药

96. 以下关于毒害品引起人体中毒的途径中，叙述正确的是（　　）。

A. 口服　　B. 呼吸　　C. 皮肤接触　　D. 以上三项均正确

97. 下列选项中，属于毒害品的是（　　）。

A. 硫黄　　B. 黄磷　　C. 汞的化合物　　D. 乙醇

98. 下列选项中，属于腐蚀品的是（　　）。

A. 樟脑　　B. 硝酸　　C. 萘　　D. 金属钠

99. 下列选项中，关于腐蚀品的腐蚀作用，叙述正确的是（　　）。

A. 对人体的伤害　　B. 对有机物质的破坏

C. 对金属和一些非有机物的腐蚀　　D. 以上三项均正确

100. 以下选项中，属于高温点火源的是（　　）。

A. 明火　　B. 高温表面　　C. 电气火花　　D. 自然发热

101. 以下选项中，属于化学点火源的是（　　）。

A. 明火　　B. 热辐射　　C. 电气火花　　D. 绝热压缩

102. 以下选项中关于化学点火源的控制对策，叙述正确的是（　　）。

A. 储运中，采取通风换气是防止热量蓄积的有效措施

B. 对于有爆炸性混合气体存在的空间内，必须杜绝一切明火的引入

C. 应当避免任何处于可燃范围内的气体扩散而与生产用火的点火源接触

D. 以上三项均正确

103. 在甲、乙类火灾危险区域内动火的作业，属于（　　）动火。

A. 特级　　B. 一级　　C. 二级　　D. 三级

104. 动火作业根据作业区域火灾危险性的大小分为（　　）个级别。

A. 2　　B. 3　　C. 4　　D. 5

105. 在任何气象条件下，动火区域内可燃气体、蒸气的浓度都必须小于爆炸下限的（　　）。

A. 5%　　B. 10%　　C. 20%　　D. 30%

106. 固定动火区距易燃易爆的厂房、库房、罐区等不应小于（　　）m，并应符合有关规范规定的防火间距要求。

A. 30　　B. 50　　C. 75　　D. 100

107. 特级动火许可证的有效时间是（　　）。

A. 一天（24 h）　　B. 两天（48 h）

C. 三天（72 h）　　D. 六天（144 h）

108. 一级动火许可证的有效时间是（　　）。

A. 一天（24 h）　　B. 两天（48 h）

C. 三天（72 h）　　D. 六天（144 h）

109. 一级动火许可证由（　　）终审批准。

A. 主管厂长　　B. 主管车间主任

C. 防火安全管理部门　　D. 总工程师

110. 在动火作业中，关于各项责任人的职责，以下叙述中正确的是（　　）。

A. 动火执行人发现不具备动火条件时，有权拒绝动火

B. 动火执行人要随身携带动火许可证

C. 动火监护人在动火作业过程中不准离开现场

D. 以上三项均正确

111. 在动火作业中，关于各项责任人的职责，以下叙述中正确的是（　　）。

A. 各级审查批准人，必须对动火作业的审批负全责

B. 严禁无证作业

C. 动火监护人负责动火现场的防火安全检查和监护工作

D. 以上三项均正确

112. 动火分析不宜过早，一般不要早于动火（　　）min。

A. 20　　B. 30　　C. 50　　D. 100

113. 在禁火区动火前，要将动火地点周围（　　）m 以内的一切可燃物移到安全地点。

A. 5　　B. 10　　C. 30　　D. 50

114. 人员密集场所在建设时，应与其他建筑物保持一定的防火间距，一般与甲、乙类生产厂房之间的防火间距不应少于（　　）m。

A. 20　　B. 30　　C. 50　　D. 100

115. 人员密集场所的安全出口、疏散门不得设置门槛和其他影响疏散的障碍物，且在其（　　）m 范围内不应设置台阶。

A. 0.5　　B. 1　　C. 1.4　　D. 2

116. 人员密集场所的营业厅内应设置火灾事故照明，其最低照明度不应低于（　　）lx。

A. 0.5　　B. 1　　C. 5　　D. 10

117. 商场要严格控制易燃易爆商品的销售，在经营销售摩丝、丁烷气（打火机用）等

具有易燃危险的商品时，应把现货数量控制在（　　）的销售量以内。

A. 一日　　B. 两日　　C. 一周　　D. 两周

118. 距室外消火栓（　　）m范围内不得设置影响其正常使用的障碍物。

A. 0.5　　B. 1　　C. 2　　D. 3

119. 距水泵接合器（　　）m范围内不得设置影响其正常使用的障碍物。

A. 0.5　　B. 1　　C. 2　　D. 5

120. 人员密集场所需要使用易燃易爆化学物品时，应根据需要限量使用，存储量不应超过（　　）的使用量，且应由专人管理、登记。

A. 一天　　B. 两天　　C. 三天　　D. 一周

121. 旅馆、餐饮场所等厨房的烟道应至少（　　）清洗一次。

A. 每周　　B. 每月　　C. 每季度　　D. 每半年

122. 人员密集场所应组建志愿消防队，志愿消防队员的数量不应少于本场所从业人员数量的（　　）。

A. 10%　　B. 20%　　C. 25%　　D. 30%

123. 人员密集场所应建立消防安全例会制度，其召开的频次要求是（　　）。

A. 每月不宜少于一次　　B. 每月不宜少于两次

C. 每季度不宜少于一次　　D. 每季度不宜少于两次

124. 依据《中华人民共和国消防法》的规定，举办大型群众性活动，承办人应当依法向（　　）申请安全许可。

A. 公安机关　　B. 公安机关消防机构

C. 防火监督处　　D. 公安派出所

125. 举办大型群众性活动应当认真落实各项消防安全措施，以下叙述正确的是（　　）。

A. 落实具有火灾危险因素的电器的消防安全措施

B. 禁止携带易燃易爆危险品进入活动场所

C. 严格控制各种火源

D. 以上三项均正确

126. 以下选项中，属于甲类火灾危险的是（ ）。

A. 助燃气体　B. 闪点<28℃的液体

C. 可燃固体　D. 爆炸下限≥10%的气体

127. 以下选项中，属于丙类火灾危险的是（ ）。

A. 助燃气体　B. 闪点<28℃的液体

C. 可燃固体　D. 爆炸下限≥10%的气体

128. 库存物品应当分类、分垛储存，每垛占地面积不宜大于（ ）$m^2$。

A. 30　B. 50　C. 100　D. 300

129. 库存物品应当分类、分垛储存，垛与垛间距不小于（ ）m。

A. 0.5　B. 1　C. 2　D. 5

130. 汽车、拖拉机不准进入（ ）物品库房。

A. 甲类　B. 乙类　C. 丙类　D. 以上三项均正确

131. 以下选项中，不准进入甲、乙、丙类物品库房的是（ ）。

A. 汽车　B. 拖拉机　C. 自行车　D. A项和B项

132. 库房内不准设置移动式照明灯具。照明灯具下方不准堆放物品，其垂直下方与储存物品水平间距不得小于（ ）m。

A. 0.5　B. 1　C. 1.5　D. 2

133. 储存易燃物资的库房内，白炽灯泡的功率不宜大于（ ）W。

A. 30　B. 40　C. 60　D. 100

134. 以下关于仓库防火管理的要求的叙述中，错误的是（ ）。

A. 库房内可以根据需要使用明火

B. 库房内严禁使用明火

C. 仓库区应当设置醒目禁火标志

D. 库区以及周围50 m内，严禁燃放烟花爆竹

135. 各类仓库的库区和库房，应根据储存物资的性质，成组配备相应灭火器，一组灭火器不应少于（ ）只。

A. 1　B. 2　C. 3　D. 4

136. 一般物资仓库可按仓间面积，每 100 $m^2$ 配备（　　）只灭火器的标准设置。

A. 1　　B. 2　　C. 3　　D. 4

## 消防装备

**一、判断题（将判断结果填入括号中。正确的填“√”，错误的填“×”）**

1. 简易灭火器材主要用于扑救初起火灾，关键在于快，不要让火势蔓延扩大。（　　）

2. 初起火灾扑救，关键在于“快”，不要让火势蔓延扩大。（　　）

3. 灭火器是指能在其内部压力作用下，将所充装的灭火剂喷出以扑救火灾，并由人力移动的灭火器具。（　　）

4. 清水灭火器在使用过程中，可以将灭火器颠倒或横卧使用。（　　）

5. 泡沫灭火器在扑救容器内液体火灾时，应将泡沫射向着火液面，以便于快速扑灭火灾。（　　）

6. BC 干粉可以扑救可燃固体、可燃液体、可燃气体和带电设备的初起火灾。（　　）

7. 使用二氧化碳灭火剂扑救室内火灾后，应立即打开门窗通风，然后人再进入，以防窒息。（　　）

8. 自动灭火器是指能通过火灾产生的高温或火焰而开启后自动灭火的器具或装置。（　　）

9. 灭火器的配置场所根据火灾危险性可分为严重危险级、中危险级和轻危险级三级。（　　）

10. 灭火器的灭火级别由数字和字母组成。（　　）

11. 电气火灾可用干粉、二氧化碳、泡沫灭火器扑救。（　　）

12. 在同一灭火器配置场所内灭火器的数量不应少于 4 只。（　　）

13. 灭火器应设置在明显和便于取用的地点，且不得影响安全疏散。（　　）

14. 设置在中危险等级场所、用于扑救 B 类火灾的灭火器的最大保护距离为 15 m。（　　）

15. 设有消火栓系统的建筑，灭火级别修正系数 K 取 0.7。（　　）

16. 简易式灭火器可重复灌充维修。（　）

17. 水型灭火器的报废年限为 8 年。（　）

18. 泡沫灭火器的报废年限为 8 年。（　）

19. 干粉灭火器使用后，若其压力表指针仍指向绿色区域，则不需重新灌装仍可继续使用。（　）

20. 手提式二氧化碳灭火器的报废年限是 10 年。（　）

21. 消防腰斧可以砍劈带电电线和设备。（　）

22. 穿着避火服可穿越火焰区或短时间进入火焰区。（　）

23. 穿着隔热服可穿越火焰区或短时间进入火焰区。（　）

24. 消防呼救器是消防员进入火场时随身携带的一种遇险报警音响联络装置。（　）

25. 过滤式防毒面具适用于低毒、浓烟、缺氧等环境中使用。（　）

26. 佩戴和脱卸氧气呼吸器面罩必须在正常大气环境中进行。（　）

27. 空气呼吸器在使用过程中，当压力下降至 4～6 MPa 或听到汽笛报警声时，应立即撤离。（　）

28. 救生器材主要有救生绳、救生软梯、缓降器、救生袋、救生网、救生垫和救生滑竿等。（　）

29. 救生照明线不可以在有毒及易燃易爆气体的环境中使用。（　）

30. 救生垫的安全跳落高度宜为 7～30 m。（　）

31. 射水器材主要是指水枪和水炮等。（　）

32. 直流水枪具有流量大、冷却作用强的特点。（　）

33. 喷雾水具有良好的乳化作用和电气绝缘性能，故能扑救油类和电气火灾。（　）

34. 具有两种及两种以上喷射功能的水枪称为多用水枪。（　）

35. 严寒季节扑救火灾时不得长时间紧闭水枪阀门，以免阀门冻结。（　）

36. 吸水管按内径分有多种规格，常用的是 80 mm。（　）

37. 吸水管的铺设应尽量短直。（　）

38. 输水器材主要包括吸水管及其附件和消防水带及其附件等。（　）

39. 水带护桥是保护正在输水的水带不被通过的车辆碾压损坏的装置。（　）

## 二、单项选择题（选择一个正确的答案，将相应的字母填入题内的括号中）

1. 当油锅起火时，不能使用（　　）。

A. 湿麻袋覆盖灭火　　B. 锅盖盖上灭火

C. 湿棉被覆盖灭火　　D. 水浇

2. 简易灭火器材主要用于扑救（　　）火灾。

A. 初起阶段　　B. 发展阶段　　C. 猛烈阶段　　D. 轰燃阶段

3. 遇湿燃烧物品火灾，不宜使用（　　）灭火。

A. 砂土　　B. 泥土　　C. 水泥粉　　D. 水

4. 液体燃烧局限在容器内时，不宜用（　　）扑救。

A. 湿棉被　　B. 湿麻袋　　C. 黄沙　　D. 铁板

5. 下列关于灭火器分类的表述中，属按充装的灭火剂的类型划分的是（　　）。

A. 储气瓶式灭火器　　B. 推车式灭火器

C. 干粉灭火器　　D. 手提式灭火器

6. 手提式灭火器充装的总重量除二氧化碳灭火器外，其他一般不大于（　　）kg。

A. 10　　B. 20　　C. 30　　D. 40

7. 清水灭火器主要用于扑救（　　）。

A. 一般固体火灾　　B. 液体火灾　　C. 气体火灾　　D. 电气火灾

8. 下列有关水型灭火器的表述中，错误的是（　　）。

A. 能够喷雾的水型灭火器也可用于扑救可燃液体的初起火灾

B. 清水灭火器在使用过程中，可以将灭火器颠倒或横卧使用

C. 清水灭火器主要适用于扑救一般固体物质火灾

D. 清水灭火器应当竖直使用，不可颠倒或横卧使用

9. 泡沫灭火器主要用于扑救（　　）。

A. 金属火灾　　B. 液体火灾　　C. 气体火灾　　D. 电气火灾

10. 下列不可以用来扑救电气火灾的灭火器是（　　）。

A. BC 干粉灭火器　　B. 泡沫灭火器

C. 二氧化碳灭火器　　D. ABC 干粉灭火器

11. BC 干粉灭火器不适于扑救（　　）。

A. 一般固体火灾　　B. 液体火灾

C. 气体火灾　　D. 电气火灾

12. 一般固体火灾不可以用（　　）扑救。

A. 清水灭火器　　B. 泡沫灭火器

C. BC 干粉灭火器　　D. ABC 干粉灭火器

13. 二氧化碳灭火器不适合于扑救（　　）火灾。

A. 可燃气体　　B. 固体内部阴燃火灾

C. 可燃液体火灾　　D. 带电设备

14. 下列有关二氧化碳灭火器使用方法的表述中，错误的是（　　）。

A. 室外使用二氧化碳灭火器时，应选择在上风方向喷射

B. 室外大风情况下使用二氧化碳灭火器时，灭火效果很差

C. 当不戴防护手套使用二氧化碳灭火器时，应用手紧握喷筒或金属筒

D. 使用二氧化碳灭火器灭火时，随着有效喷射距离的缩短，使用者应逐渐向燃烧区靠近

15. 可以用来扑救金属火灾的灭火器是（　　）。

A. 清水灭火器　　B. 泡沫灭火器

C. 二氧化碳灭火器　　D. 7150 灭火器

16. （　　）是指能通过火灾产生的高温或火焰而开启后自动灭火的器具或装置。

A. 干粉灭火器　　B. 自动灭火器

C. 泡沫干粉联用灭火器　　D. 干粉灭火弹

17. 根据灭火器配置场所危险等级划分，属于轻危险级的是（　　）。

A. 乙炔站　　B. 影剧院的舞台部位

C. 影剧院的观众厅　　D. 高级住宅

18. 根据灭火器配置场所危险等级划分，属于中危险级的是（　　）。

A. 乙炔站　　B. 影剧院的舞台部位

C. 影剧院的观众厅　　D. 高级住宅

19. 灭火器的（　　）是指在一定条件下灭火器能扑灭不同火灾模型的能力。

A. 有效喷射距离　　B. 喷射距离

C. 灭火级别　　D. 有效性

20. 灭火器灭火级别中的（　　）表示灭火级别的大小。

A. 数字　　B. 字母　　C. 序列号　　D. 号码

21. 下列关于灭火器选择的表述中，错误的是（　　）。

A. 同一灭火器配置场所选用同一类型灭火器时，宜选用操作方法相同的灭火器

B. 选用两种或两种以上类型的灭火器时，应选用灭火剂不相容的灭火器

C. 同一灭火器配置场所存在不同火灾种类时，应选用通用型灭火器

D. 选用两种或两种以上类型的灭火器时，应选用灭火剂相容的灭火器

22. 在同一灭火器配置场所内，灭火器的数量不应少于（　　）只。

A. 2　　B. 3　　C. 4　　D. 5

23. 每个设置点的灭火器数量不宜多于（　　）只。

A. 2　　B. 3　　C. 4　　D. 5

24. 手提式灭火器宜设置在挂钩、托架或灭火器箱内，其顶部离地面高度不宜大于（　　）m。

A. 1.2　　B. 1.5　　C. 2　　D. 2.5

25. 手提式灭火器宜设置在挂钩、托架或灭火器箱内，其底部离地面高度不小于（　　）cm。

A. 5　　B. 8　　C. 10　　D. 15

26. 设置在轻危险等级场所、用于扑救 A 类火灾的灭火器的最大保护距离为（　　）m。

A. 25　　B. 20　　C. 15　　D. 12

27. 设置在轻危险等级场所、用于扑救 C 类火灾的灭火器的最大保护距离为（　　）m。

A. 25　　B. 20　　C. 15　　D. 12

28. 灭火器配置场所灭火级别的计算公式为（　　）。式中 $Q$ 为灭火级别，$S$ 为保护面

积，$U$ 为配置基准。

A. $Q=K\cdot S/U$　　B. $K=Q\cdot S/U$　　C. $S=K\cdot Q/U$　　D. $U=K\cdot Q/S$

29. 设有消火栓系统的建筑，灭火级别修正系数K取（　　）。

A. 0.3　　B. 0.5　　C. 0.7　　D. 1.3

30. 当灭火器压力表内的指针指在绿区时，表示压力（　　）。

A. 过大　　B. 过小　　C. 没有　　D. 正常

31. 当灭火器压力表内的指针指在红区时，表示压力（　　）。

A. 过大　　B. 过小　　C. 没有　　D. 正常

32. 水型灭火器的报废年限是（　　）年。

A. 6　　B. 8　　C. 10　　D. 12

33. 未使用但距离生产日期满（　　）年，水型灭火器必须进行维修。

A. 1　　B. 2　　C. 3　　D. 5

34. 泡沫灭火器的报废年限是（　　）年。

A. 6　　B. 8　　C. 10　　D. 12

35. 未使用但距离生产日期满（　　）年，泡沫灭火器必须进行维修。

A. 1　　B. 2　　C. 3　　D. 5

36. 未使用但距离生产日期满（　　）年，干粉灭火器必须进行维修。

A. 1　　B. 2　　C. 3　　D. 5

37. 已维修过的干粉灭火器，维修后满（　　）年，必须进行再维修，但总使用年限不得超过报废年限。

A. 1　　B. 2　　C. 3　　D. 5

38. 手提式二氧化碳灭火器的报废年限是（　　）年。

A. 6　　B. 8　　C. 10　　D. 12

39. 未使用但距离生产日期满（　　）年，二氧化碳灭火器必须进行维修。

A. 1　　B. 2　　C. 3　　D. 5

40. 消防头盔能耐受（　　）℃的高温而不影响使用。

A. 500　　B. 800　　C. 1 000　　D. 1 200

41. 下列不属于消防员常规防护装备的是（　　）。

A. 消防手套　　B. 隔热服　　C. 消防战斗服　　D. 消防靴

42. 下列不属于特种防护装备的是（　　）。

A. 避火服　　B. 隔热服　　C. 防化服　　D. 消防靴

43.（　　）是指用于消防员在有危险化学品和毒性气体、液体等事故现场救援时穿着的防护服装。

A. 避火服　　B. 隔热服　　C. 防化服　　D. 消防靴

44. 国产隔热服耐高温性能，在接近 500℃高温时耐高温时间为（　　）min。

A. 30　　B. 45　　C. 60　　D. 90

45. 国产隔热服耐高温性能，在接近 300℃高温时耐高温时间为（　　）min。

A. 30　　B. 45　　C. 60　　D. 90

46. 消防呼救器从人体静止起（　　）s 后即能自动发出报警声响信号。

A. 10　　B. 20　　C. 30　　D. 60

47. 下列不属于呼吸保护器具的是（　　）。

A. 防毒面具　　B. 氧气呼吸器　　C. 消防呼救器　　D. 空气呼吸器

48. 当空气中的氧含量低于（　　）时，过滤式防毒面具不能使用。

A. 18%　　B. 19%　　C. 20%　　D. 21%

49.（　　）是保护人体呼吸器官的装备，可供消防人员在浓烟、毒气、刺激性气体或严重缺氧的火灾现场佩戴使用，以便安全进行火情侦察、灭火和抢救生命、财产等消防作用。

A. 呼吸保护器具　　B. 常规防护装备

C. 特种防护装备　　D. 一般防护装备

50. 氧气呼吸器钢瓶内的压力一般应保持在（　　）MPa 以上是正常的。

A. 8　　B. 10　　C. 12　　D. 16

51. 空气呼吸器不使用时，一般要求（　　）时间进行一次常规检查。

A. 每天　　B. 每周　　C. 每月　　D. 每季度

52. 正压式空气呼吸器关闭气瓶阀后，如 5 min 内压力降在不大于（　　）MPa，则表明供气管系高压气密性良好。

A. 2　　B. 4　　C. 6　　D. 8

53. 救生袋的安全使用高度宜为（　　）m。

A. 5～10　　B. 7～30　　C. 8～18　　D. 8～30

54. 下列不属于救生照明线特点的是（　　）。

A. 增强能见度　　B. 便于携带　　C. 不抗重压　　D. 抗重压

55. 以下选项中，属于接救从高处下跳人员的器具的是（　　）。

A. 救生软梯　　B. 救生垫　　C. 缓降器　　D. 救生照明线

56.（　　）是消防水泵的配套设备，是水泵的延伸。

A. 供水器材　　B. 防护器材　　C. 攀登器材　　D. 救生器材

57. 直流水的优点是（　　）。

A. 冷却作用强　　B. 冲击力大　　C. 电气绝缘性能好　D. 排烟作用强

58. 使用喷雾水枪灭火时，喷雾角不宜过大，一般以（　　）为宜。

A. 20°～30°　　B. 30°～50°　　C. 50°～60°　　D. 60°～80°

59. 具有两种及两种以上喷射功能的水枪称为（　　）。

A. 直流水枪　　B. 多用水枪　　C. 洪水水枪　　D. 高压水枪

60. 多用水枪的喷射功能中，起到隔离热辐射、掩护消防人员进入火场接近火源的射流形式是（　　）。

A. 直流　　B. 开花　　C. 喷雾　　D. 洪水

61. 下列不属于特殊水枪的是（　　）。

A. 直流水枪　　B. 多头水枪　　C. 高压水枪　　D. 穿孔水枪

62. 下列关于水枪操作使用注意事项的表述中，错误的是（　　）。

A. 严冬季节火场需暂停供水时，为防止水带冻结，应保持水流小流量通过

B. 水带升压时要缓慢，以防水带爆破和接口脱落

C. 向高层建筑铺设水带时，底层应加设分水器，以便拆卸

D. 严冬季节火场需暂停供水时，为防止水带冻结，应关闭水枪

63. 下列关于水枪操作使用注意事项的表述中，正确的是（　　）。

A. 严冬季节火场需暂停供水时，为防止水带冻结，应保持水流小流量通过

B. 水带升压要快，以便于快速出水

C. 向高层建筑铺设水带时，底层无须设分水器

D. 严冬季节火场需暂停供水时，为防止水带冻结，应关闭水枪

64. 吸水管按内径分有多种规格，常用的是（　　）mm。

A. 65　　B. 80　　C. 100　　D. 150

65. 吸水管下端应装滤水器，且滤水器距离水面的深度至少为（　　）cm。

A. 10～20　　B. 20～30　　C. 30～40　　D. 40～50

66. 下列关于吸水管使用注意事项的表述中，错误的是（　　）。

A. 吸水管的铺设应尽量短直

B. 吸水管下端应装滤水器，且滤水器距离水面的深度至少为 20～30 cm

C. 吸水管使用时必须使接口紧密连接，以防漏气

D. 吸水管下端应装滤水器，且滤水器距离水面的深度至少为 40～50 cm

67. 下列不属于吸水管附件的是（　　）。

A. 分水器　　B. 滤水器　　C. 滤水筐　　D. 支垫器具

68. 消防水带的标准长度是每条（　　）m。

A. 15　　B. 20　　C. 30　　D. 40

69. 下列关于消防水带使用注意事项的表述中，错误的是（　　）。

A. 严冬季节火场需暂停供水时，为防止水带冻结，应保持水流小流量通过

B. 水带升压时要缓慢，以防水带爆破和接口脱落

C. 水带使用时严禁骤然弯折

D. 铺设水带时，应将耐压低的水带用在靠近水泵出口的地方

70. 严冬季节火场需暂停供水时，为防止水带冻结，应（　　）。

A. 保持水流小流量通过　　B. 保持水流大流量通过

C. 保持水流原来出水流量通过　　D. 停止供水

71. （　　）是指连接、使用消防水带所需要的附件。

A. 消防水带　　B. 吸水管　　C. 吸水管附件　　D. 水带附件

72. (　　) 是指用于事故现场设置警戒区域、警示事故性质、提醒人员和车辆注意的各种器材、标志。

A. 救生器材　　B. 堵漏器材　　C. 输转器材　　D. 事故现场标志器材

## 建筑灭火设施

**一、判断题（将判断结果填入括号中。正确的填“√”，错误的填“×”）**

1. 室外消防给水当采用高压或临时高压给水系统时，管道的供水压力应能保证用水总量达到最大且水枪在任何建筑物的最高处时，水枪的充实水柱仍不小于 10 m。　　(　　)

2. 临时高压消防给水系统管网内平时水压不高，在泵站（房）内设置高压消防水泵，一旦发生火灾，立刻启动消防水泵，临时加压使管网内的压力达到高压消防给水系统的压力要求。　　(　　)

3. 消防用水量较小的低层民用建筑的消火栓给水系统可设计为生活、消防合用消火栓给水系统。　　(　　)

4. 凡担负有消防给水任务的给水系统管网，一般均应布置成枝状管网，以确保消防用水。　　(　　)

5.《建筑设计防火规范》规定，设置室外消火栓的消防给水管道的最小直径不应小于 50 mm。　　(　　)

6. 一般情况下消防水池补水时间不宜超过 24 h。　　(　　)

7. 消防用水可由城市给水管网、天然水源或消防水池供给。利用天然水源时，其保证率不应小于 97%，且应设置可靠的取水设施。　　(　　)

8. 室外消火栓按设置条件可分为地上消火栓和地下消火栓。　　(　　)

9. 消防水泵应采用非自灌式吸水，并应在吸水管上设置检修阀门。　　(　　)

10. 建筑面积大于 200 $m^2$ 的商业服务网点应设置消防软管卷盘或轻便消防水龙。　　(　　)

11. 建筑物室内消火栓给水系统由消防给水基础设施、消防给水管网、室内消火栓设备、报警控制设备及系统附件等组成。　　(　　)

12. 低层建筑室内消火栓给水系统的消防用水量是扑救初期火灾的用水量。 （ ）

13. 稳压泵启动压力应稍大于消防水泵启动压力，以保证在正常情况下消防水泵不被启动。 （ ）

14. 气压给水设备是消防给水系统中一种全自动的局部增压给水设备，它利用密闭压力水罐内的压缩空气将罐中的水通过给水管网送到灭火设备处。 （ ）

15. 高层建筑室内消火栓配备的水带长度不应超过 20 m。 （ ）

16. 室内消火栓的栓口出水方向宜向下或与墙面成 90°角。 （ ）

17. 高层厂房（仓库）、设置室内消火栓且层数超过 4 层的厂房（仓库）、设置室内消火栓且层数超过 5 层的公共建筑，其室内消火栓给水系统应设置消防水泵接合器。 （ ）

18. 室内消火栓给水系统至少每年要进行一次全面检查。 （ ）

19. 自动喷水灭火系统根据系统中所使用的喷头形式的不同，分为闭式自动喷水灭火系统和开式自动喷水灭火系统两大类。 （ ）

20. 干式自动喷水灭火系统，在报警阀后的管网内无水，故可避免冻结和水汽化的危险，不受环境温度的制约，可用于一些无法使用湿式系统的场所。 （ ）

21. 水幕系统是自动喷水灭火系统中唯一的一种不以灭火为主要目的的系统。 （ ）

22. 开式喷头，按热敏感元件的不同分为玻璃球洒水喷头和易熔元件洒水喷头。（ ）

23. 报警控制装置在自动喷水灭火系统中担负着探测火情、发出警报、启动系统和对系统工作状态监控的作用。 （ ）

24. 在确认火灾已被扑灭时，立即停止供水，以减少不必要的水渍损失。 （ ）

25. 每月应对自动喷水灭火系统的喷头进行一次外观检查。 （ ）

26. 当火灾报警控制器接收到触发器件发来的火警信号时，报警控制器会显示首次报警地址号。 （ ）

27. 对火灾报警控制器的故障声和火警声做暂时消除处理应操作消音键。 （ ）

28. 火灾报警后，消防控制室值班人员应切断有关部位的非消防电源。 （ ）

29. 气体灭火系统是以某些气体作为灭火介质，通过这些气体在整个防护区内或保护对象周围的局部区域建立起灭火剂浓度实现灭火。 （ ）

30. 每个防护区各自设置气体灭火系统保护的布置形式，称为单元独立气体灭火系统。

（ ）

31. 经常有人的场所，气体灭火系统可设置紧急切断装置，关闭系统自动控制功能，在火灾探测器误报的情况下不再启动系统。（ ）

32. 二氧化碳气体灭火系统一般采用查压力表法检查其储存容器储存的灭火剂是否符合要求。（ ）

**二、单项选择题（选择一个正确的答案，将相应的字母填入题内的括号中）**

1. 室外消防给水当采用高压或临时高压给水系统时，管道的供水压力应能保证用水总量达到最大且水枪在任何建筑物的最高处时，水枪的充实水柱仍不小于（ ）m。

A. 8　B. 10　C. 13　D. 15

2. 室外消防给水当采用低压给水系统时，室外消火栓栓口处的水压从室外设计地面算起不应小于（ ）MPa。

A. 0.05　B. 0.1　C. 0.5　D. 1

3. 无论有无发生火灾，管网内经常保持足够的水压和消防用水量，火场上不需要使用消防车或其他移动式消防水泵加压，直接从消火栓接出水带、水枪即可实施灭火的消防给水管网类型是（ ）。

A. 高压消防给水管网　B. 临时高压消防给水管网

C. 低压消防给水管网　D. 临时低压消防给水管网

4. 消防用水量较小的（ ）的消火栓给水系统可设计为生产、消防合用消火栓给水系统。

A. 低层工业建筑　B. 低层民用建筑

C. 高层民用建筑　D. 超高层建筑

5. 凡担负有消防给水任务的给水系统管网，一般均应布置成（ ），以确保消防用水。

A. 环状管网　B. 枝状管网　C. 高压管网　D. 低压管网

6. 在管径和水压相同的条件下，环状管网供水能力比枝状管网供水能力大（ ）倍。

A. 1.5～2　B. 2～3　C. 3～4　D. 4～5

7. 在环状消防给水管网中，向环状管网输水的输水管应不少于（ ）条。

A. 1　B. 2　C. 3　D. 4

8.《建筑设计防火规范》规定，室外消防给水管网的管径不应小于（　　）mm。

A. 100　　B. 150　　C. 200　　D. 250

9. 消防水池内的消防用水一经取用之后，要尽快补水，一般不宜超过（　　）h。

A. 12　　B. 24　　C. 36　　D. 48

10. 低层民用建筑使用消火栓给水系统保护时，其火灾延续时间一般为（　　）h。

A. 1　　B. 2　　C. 3　　D. 4

11. 天然水源用做供消防车使用的消防水源时，其保护距离不应大于（　　）m。

A. 100　　B. 150　　C. 200　　D. 300

12. 利用天然水源作为消防水源时，其保证率不应小于（　　），且应设置可靠的取水设施。

A. 60%　　B. 70%　　C. 80%　　D. 97%

13. 下列不属于地上消火栓的优点的是（　　）。

A. 目标明显　　B. 易于寻找

C. 出水操作方便　　D. 不易冻结

14. 下列关于室外消火栓的表述中，错误的是（　　）。

A. 室外消火栓按其结构不同分为地上式消火栓和地下式消火栓两种

B. 室外消火栓按压力分为低压消火栓和高压消火栓两种

C. 地上式消火栓只有两个直径 60 mm 的接口

D. 设置在高压消防给水管网上的室外消火栓称为高压消火栓

15. 室外低压消火栓的布置间距不应超过（　　）m。

A. 60　　B. 80　　C. 100　　D. 120

16. 每个室外低压消火栓的出水流量一般按（　　）L/s 计。

A. 10　　B. 15　　C. 10～15　　D. 15～20

17. 下列关于室外消火栓维护保养的表述中，错误的是（　　）。

A. 室外消火栓保养时应开启阀门检查供水情况

B. 发现室外消火栓油漆剥落应及时修补，以防锈蚀

C. 室外消火栓出水口螺纹上的锈渍应及时清除，以防影响火灾时吸水管和消防水

带的正常连接

D. 室外消火栓保养时不一定每次都要开启阀门检查供水情况

18. 下列有关消防水泵的表述中，正确的是（　　）。

A. 消防水泵并联的目的是为了增加扬程

B. 消防水泵串联的目的是为了增加出水流量

C. 消防水泵常用离心泵，因为离心泵具有体积小、重量轻、发动快、供水连续、能自动调节流量等优点

D. 为保证消防水泵不间断供水，一组消防水泵的吸水管一般不应少于 4 条

19. 消防水泵房应有不少于（　　）条的出水管直接与消防给水管网连接，当其中一条出水管关闭时，其余的出水管应仍能通过全部用水量。

A. 2　　B. 3　　C. 4　　D. 5

20. 建筑占地面积大于（　　）$m^2$ 的厂房（仓库），应设置 DN65 的室内消火栓。

A. 100　　B. 200　　C. 300　　D. 500

21. 九层及九层以下的住宅（包括底层设置商业服务网点的住宅），建筑高度不超过 24 m 的其他民用建筑、厂房和库房，以及建筑高度超过 24 m 的单层公共建筑、工业建筑内设置的室内消火栓给水系统，称为（　　）室内消火栓给水系统。

A. 低层建筑　　B. 多层建筑　　C. 高层建筑　　D. 超高层建筑

22. 消防水箱应储存（　　）min 的室内消防用水量。

A. 5　　B. 10　　C. 30　　D. 60

23. 建筑物室内消火栓给水系统的组成设施设备中，（　　）用来启动消防水泵。

A. 消防给水基础设施　　B. 消防给水管网

C. 室内消火栓设备　　D. 报警控制设备

24. 下列关于室内消火栓给水方式的表述中，错误的是（　　）。

A. 直接给水方式无加压水泵和水箱

B. 分区并联给水方式是各分区独立设水泵，集中设置水箱

C. 给水方式是指建筑物内的供水方案

D. 当高层建筑最低消火栓设备处的静水压力不超过 1 MPa 时，可采用不分区给水

方式

25. 建筑高度超过 50 m 的商业楼，其室内消火栓用水量不应小于（ ）L/s。

A. 10 B. 20 C. 30 D. 40

26. 6 层以下民用建筑对水枪充实水柱的长度要求一般不应小于（ ）m。

A. 5 B. 7 C. 10 D. 13

27. 高位消防水箱的设置高度应保证最不利点消火栓静水压力。当建筑高度超过 100 m 时，高层建筑最不利点消火栓静水压力不应低于（ ）Mpa。

A. 0. 05 B. 0. 07 C. 0. 1 D. 0. 15

28. 下列有关气压给水设备的表述中，错误的是（ ）。

A. 气压给水设备是消防给水系统中一种全自动的局部增压给水设备

B. 气压给水设备利用密闭压力水罐内的压缩空气将罐中的水通过给水管网送到灭火设备处

C. 凡设置高位水箱不能满足最不利点消火栓和自动喷水灭火设备等的水压，或设置高位水箱有困难时，均可采用气压给水设备稳压或增压

D. 气压给水设备罐体的安装高度是受限制的

29. 高层建筑室内消火栓配备的水带长度不应超过（ ）m。

A. 10 B. 15 C. 20 D. 25

30. 高层工业与民用建筑的室内消火栓的布置间距不应超过（ ）m。

A. 25 B. 30 C. 50 D. 80

31. 高架库房的室内消火栓的布置间距不应超过（ ）m。

A. 25 B. 30 C. 50 D. 80

32. 消防水喉设备是指栓口直径为（ ）mm 的小口径自救式消火栓设备。

A. 10 B. 25 C. 50 D. 65

33. 水泵接合器周围（ ）m 范围之内，应设有供消防车吸水的室外消火栓或消防水池。

A. 0～10 B. 15～40 C. 60～100 D. 60～100

34. 屋顶消火栓的设置数量宜为（ ）个

A. 1～2　　B. 3～4　　C. 5～6　　D. 7～8

35. 屋顶消火栓应设（　　）。

A. 压力显示装置　　B. 压力开关

C. 水流指示器　　D. 水力警铃

36. 室内消火栓给水系统，至少（　　）要进行一次全面检查。

A. 每月　　B. 每季度　　C. 每半年　　D. 每年

37. 下列关于室内消火栓系统工作原理的表述中，错误的是（　　）。

A. 按动火灾报警按钮的作用是远距离启动消防水泵

B. 消防车可从室内消火栓系统通过水泵接合器抽水灭火

C. 火灾初期消防用水一般由高位水箱保证

D. 实施灭火前要开启消火栓手轮

38. 以下选项中，属于闭式自动喷水灭火系统的是（　　）。

A. 湿式自动喷水灭火系统　　B. 水幕灭火系统

C. 雨淋灭火系统　　D. 水喷雾灭火系统

39. 以下选项中，不是湿式自动喷水灭火系统组成组件的是（　　）。

A. 闭式喷头　　B. 开式喷头　　C. 湿式报警阀　　D. 管道系统

40. 湿式自动喷水灭火系统的适应范围是（　　）。

A. 低于4℃　　B. 高于70℃

C. 高于4℃、低于70℃　　D. 以上三项均正确

41. 以下选项中，干式自动喷水灭火系统的主要组件中不包括（　　）。

A. 闭式喷头　　B. 充气设备　　C. 湿式报警阀　　D. 排气设备

42. 预作用喷水灭火系统的预作用时间要求必须在喷头动作之前完成，一般不宜超过（　　）min。

A. 0.5　　B. 1　　C. 2　　D. 3

43. 关于雨淋系统的主要特点，以下叙述中正确的是（　　）。

A. 雨淋系统反应快

B. 雨淋系统灭火控制面积大，用水量大

C. 雨淋系统适用于燃烧猛烈，蔓延迅速的场所

D. 以上三项均正确

44. 关于水幕系统的适用范围，以下叙述中错误的是（　　）。

A. 不能用于电气火灾危险场所

B. 用于扑救储存易燃液体场所的火灾

C. 用于有火灾危险的工业装置

D. 用于橡胶等特殊可燃物的火灾危险场所

45. 以下选项中，属于闭式喷头的是（　　）。

A. 开式洒水喷头　　B. 玻璃球洒水喷头

C. 水幕喷头　　D. 喷雾喷头

46. 动作温度为 68℃的玻璃球洒水喷头，其玻璃球色标为（　　）。

A. 红色　　B. 橙色　　C. 黄色　　D. 绿色

47. 以下自动喷水灭火系统中，需要使用湿式报警阀的是（　　）。

A. 干式喷水灭火系统　　B. 预作用喷水灭火系统

C. 湿式喷水灭火系统　　D. 水喷雾系统

48. 以下选项中，不属于报警控制装置的主要组件的是（　　）。

A. 末端试水装置　　B. 水流指示器

C. 压力开关　　D. 延时器

49. 以下选项中，不属于报警控制装置的主要组件的是（　　）。

A. 水力警铃　　B. 水流指示器　　C. 消防水泵　　D. 延时器

50. 消防控制室实行（　　）h 值班制度，不得擅离职守，并做好系统运行、报警、故障、维修记录。

A. 8　　B. 12　　C. 16　　D. 24

51. 以下关于自动喷水灭火系统火灾时的现场处置要求，叙述错误的是（　　）。

A. 检查并确保系统的总控制阀门处于全开状态

B. 检查并确保系统的总控制阀门处于全关状态

C. 在确认火灾已被扑灭时，立即停止供水，以减少不必要的水渍损失

D. 检查供水压力和水源，做好由消防车通过水泵接合器加压供水的准备

52. 打开自动喷水灭火系统的末端试水装置后，系统应能正常显示以下功能中的（ ）。

A. 报警阀动作，警铃鸣响

B. 水流指示器动作，消防控制中心有信号显示

C. 压力开关动作正常，消防水泵自动启动，消防控制中心有信号显示

D. 以上三项均正确

53. 自动喷水灭火系统报警阀组的维护管理要求为，（ ）对报警阀旁的放水试验阀进行放水，验证系统的供水能力和压力开关、水力警铃的报警性能。

A. 每日　B. 每周　C. 每月　D. 每季度

54. 以下选项中，属于火灾自动报警系统的火灾警报装置的是（ ）。

A. 警铃　B. 楼层显示器　C. 消防 CRT　D. 火灾探测器

55. 以下选项中，属于火灾自动报警系统的触发器件的是（ ）。

A. 警铃　B. 楼层显示器　C. 消防 CRT　D. 火灾探测器

56. 火灾自动报警系统中某一手动火灾报警按钮接线断开时，报警控制器面板上的（ ）灯就被点亮。

A. 故障　B. 火警　C. 隔离　D. 巡检

57. 对火灾报警控制器的火警声和故障报警声做暂时消除，应操作（ ）键。

A. 启动　B. 自检　C. 消音　D. 复位

58. 检查火灾自动报警系统报警控制器本身性能是否处于正常工作状态，应操作（ ）键。

A. 启动　B. 自检　C. 消音　D. 复位

59. 下列操作中，应在火灾报警后操作的是（ ）。

A. 停止有关部位的风机　B. 切断有关部位的非消防电源

C. 强制电梯停于首层　D. 接通火灾警报装置

60. 建筑物首层发生火灾，火灾事故广播应先接通（ ）。

A. 首层、二层及地下各层　B. 首层、二层及地下一层

C. 首层、二层及三层　　D. 建筑物每一层

61. 火灾自动报警系统的下列功能检查中，应每日检查的是（　）

A. 电动防火阀的控制设备

B. 集中火灾报警控制器的功能是否正常

C. 二氧化碳灭火系统的控制设备

D. 室内消火栓的控制设备

62. 下列场所中，应设气体灭火系统的是（　　）。

A. 贵重设备室　　B. 火药仓库

C. 小型电子计算机房　　D. 电影胶片室

63. 下列火灾中，应用气体灭火系统扑救的是（　　）。

A. 储存炸药的仓库火灾　　B. 大型通信机房火灾

C. 钠钾合金火灾　　D. 能发生自燃的物质火灾

64. 对于几个不会同时着火的相邻防护区或保护对象，可采用（　　）。

A. 单元独立气体灭火系统　　B. 组合分配气体灭火系统

C. 管网气体灭火系统　　D. 无管网气体灭火系统

65. 气体灭火系统的下列设备中，能将若干气瓶同时开启施放的灭火剂汇集起来，然后通过分配管道输送至保护空间的是（　　）。

A. 集流管　　B. 容器阀　　C. 单向阀　　D. 灭火剂储存容器

66. 气体灭火系统的自动控制装置应在接到（　　）个独立的火灾信号后才能启动。

A. 1　　B. 2　　C. 3　　D. 4

67. 对气体灭火系统灭火剂储存容器、选择阀、液体单向阀、集流管、管网、喷嘴等组件应每月至少进行（　　）次检查。

A. 1　　B. 2　　C. 3　　D. 4

68. 气体灭火系统值班员应（　　）做一次巡视检查，检查设备有无泄漏、管道系统有无损坏、全部控制开关调定位置是否妥当、所有元件是否完好无损等。

A. 每日　　B. 每星期　　C. 每半个月　　D. 每月

## 火灾事故处置

**一、判断题（将判断结果填入括号中。正确的填“√”，错误的填“×”）**

1. 战备等级可以分为经常性战备、二级战备、一级战备、特级战备四个等级。（ ）

2. 专职消防队在保卫任务繁重的重大节日、重大活动、恶劣气候时所处的战斗准备状态为一级战备。（ ）

3. 专职消防队在国家进入战争状态时所处的战斗准备状态为一级战备。（ ）

4. 企事业专职消防队的执勤力量由执勤人员和执勤器材装备组成。（ ）

5. 执勤交接班由班长组织，列队进行。其主要内容是，调整落实执勤力量，检查清点器材装备，安排执勤工作。（ ）

6. 保持个人装备及其分工保养的器材装备完好是战斗班长的职责。（ ）

7. 在任何情况下，火灾扑救都应贯彻“灭火第一”的原则。（ ）

8. 灭火战斗中应当灵活采用堵截包围、内外夹攻、上下合击、重点突破、逐片消灭的战术方法。（ ）

9. 任何单位和个人在发现火灾时都应迅速准确地报警，这是每个公民的法定义务。（ ）

10. 从灭火人员到达火场开始到灭火战斗结束，火情侦察要贯穿于整个扑救过程。（ ）

11. 在火场上，除了常用的火情侦察方法外，还要采取其他一些方法了解掌握火场情况，主要包括看、听、喊、嗅、摸、敲、射水等。（ ）

12. 火场上力量布置的主要方面应考虑在救人、贵重物资、危险物品、倒塌部位、火势蔓延方向等。（ ）

13. 火场警戒的目的在于减少灾害对人身安全的威胁和混乱给救灾工作带来的影响。（ ）

14. 火场上在灭火与救人同样需要人员和车辆、器材装备的情况下，必须首先满足灭火的需要。（ ）

15. 两个疏散出口之间的走道长度一般不宜超过 60 m。（ ）

16. 在灭火战斗中，有效地疏散和保护物资，不仅可以直接减少财产损失，而且有助于防止火势蔓延。（ ）

17. 在火灾扑救中，通常采用的射水原则是先室外后室内、先上方后下方、先暴露部位后隐蔽部位、先贵重物品后一般物品。（ ）

18. 击碎窗户玻璃进行火场破拆时，人应立于窗户的下风方向。（ ）

19. 人工排烟的方法主要有破拆屋顶排烟、使用高倍数泡沫排烟和喷雾水流排烟等。（ ）

20. 担任排烟任务的人员，应加强自身的安全防护，必须穿隔热服，佩戴空气呼吸器，用开花或喷雾水流掩护，并切实搞好通信联络工作。（ ）

21. 在浓烟区域行进时，应前虚后实，探步前进，沿承重墙行走。（ ）

22. 密闭房间内着火时，不能随意破拆门窗，以防轰燃。（ ）

23. 深入火场内部侦察，为减少人员伤亡，应尽可能采取单独行动。（ ）

**二、单项选择题（选择一个正确的答案，将相应的字母填入题内的括号中）**

1. 日常战备执勤属于（ ）。

A. 经常性战备　B. 二级战备　C. 一级战备　D. 特级战备

2. 专职消防队在完成经常性执勤任务时所保持的战斗准备状态为（ ）

A. 经常性战备　B. 二级战备　C. 一级战备　D. 特级战备

3. 在重大节日保卫工作期间的战备执勤属于（ ）。

A. 经常性战备　B. 二级战备　C. 一级战备　D. 特级战备

4. 专职消防队在保卫任务繁重的重大节日、重大活动、恶劣气候时所处的战斗准备状态为（ ）。

A. 经常性战备　B. 二级战备　C. 一级战备　D. 特级战备

5. 在国家发布戒严令时的战备执勤属于（ ）。

A. 经常性战备　B. 二级战备　C. 一级战备　D. 特级战备

6. 按照《上海市专职消防队建设标准》的规定，每辆水罐消防车或泡沫消防车执勤战斗员不得少于（ ）名。

A. 3　　B. 5　　C. 7　　D. 9

7. 按照《上海市专职消防队建设标准》的规定，每辆轻便消防车执勤战斗员不得少于（　　）名。

A. 3　　B. 4　　C. 5　　D. 6

8. 执勤器材装备的管理必须实行责任制，由执勤人员分工负责维护保养，做到（　　），保证处于良好的战备状态。

A. 日保养　　B. 周保养　　C. 月保养　　D. 年保养

9. 执勤器材装备的管理必须实行责任制，由执勤人员分工负责维护保养，做到（　　），保证处于良好的战备状态。

A. 日检查　　B. 周检查　　C. 月检查　　D. 季度检查

10. 掌握本单位专职消防队执勤实力，检查战备情况，是（　　）的职责。

A. 值班队长　　B. 战斗员　　C. 通信员　　D. 驾驶员

11. 迅速、准确地受理报警，及时发出出动信号是（　　）的职责。

A. 值班队长　　B. 战斗员　　C. 通信员　　D. 驾驶员

12. 火灾成“一字形”状态发展时，应从两侧控制，以（　　）为主。

A. 上风方向　　B. 侧上风方向　　C. 下风方向　　D. 侧下风方向

13. 灭火作战的基本原则是（　　）。

A. 救人第一、科学施救　　B. 先消灭，后控制

C. 先一般，后重点　　D. 灭火第一

14. 内外夹攻战术是针对扑救（　　）火灾而言的。

A. 内部　　B. 中间　　C. 外部　　D. 上部

15. （　　）是指水枪手站在上、下两个不同的射水位置上讲的。

A. 内外夹攻　　B. 上下合击　　C. 堵截包围　　D. 重点突破

16. 我国的火警电话号码是（　　）。

A. 119　　B. 911　　C. 120　　D. 114

17. 下列不属于报火警内容的是（　　）。

A. 发生火灾的详细地址　　B. 起火物

C. 火势情况　　　　　　　　　　　　D. 报警人的性别

18. 下列关于火情侦察的表述中，错误的是（　　）。

A. 火情侦察重点要查明火场中人员被困和火势发展变化等情况

B. 火情侦察的组织一般应根据到场的灭火力量、火势情况和侦察任务来确定

C. 火情侦察只需在火灾扑救初期进行

D. 火情侦察一般可分为初步侦察和反复侦察两个阶段

19. 一般情况下，（　　）无须参加火情侦察工作。

A. 单位领导　　　　　　　　　　　　B. 单位安全管理人员

C. 有关工程技术人员　　　　　　　　D. 报警人

20. 下列关于火情侦察要求的表述中，错误的是（　　）。

A. 侦察小组的每个成员要配备个人的防护装备和侦察器材

B. 侦察人员必须通过高温区、浓烟区或着火区进行侦察时，应当用直流水枪掩护

C. 在房间内开展火情侦察时，应尽量靠近承重墙行走

D. 在登高侦察时，侦察人员应利用安全绳、安全钩、安全带和缓降器材等进行自身防护

21. 下列关于火情侦察要求的表述中，错误的是（　　）。

A. 侦察小组的每个成员要配备个人的防护装备和侦察器材

B. 侦察人员必须通过高温区、浓烟区或着火区进行侦察时，应当用直流水枪掩护

C. 侦察人员必须胆大心细，机智灵活，目的明确

D. 每个侦察小组应指定组长，明确侦察任务

22. 下列不属于火场力量布置的主要方面的是（　　）。

A. 火势蔓延下风方向　　　　　　　　B. 有人员被困的部位

C. 容易倒塌的部位　　　　　　　　　D. 无人被困的卫生间

23. 下列有关火场力量布置方法的表述中，错误的是（　　）。

A. 即使火势很小，也必须坚决贯彻“先控制，后消灭”的处置原则

B. 火势处于初起阶段，当到达火场的兵力较强时，应速战速决

C. 火势猛烈、蔓延迅速，要全力控制火势主要蔓延方向，即使到场灭火力量不足

时，也应在局部形成优势

D. 火场上力量布置的主要方面应考虑在救人、贵重物资、危险物品、倒塌部位、火势蔓延方向等

24. 在危险化学品处置现场，根据仪器检测，确定警戒区域，划分为重危区、轻危区和（　　）。

A. 中危区　B. 安全区　C. 爆炸区　D. 泄漏区

25. 火场救人的指导思想是（　　）。

A. 灭火第一　B. 先灭火后救人

C. 贵重物资第一　D. 救人第一

26. 下列关于火场救人的表述中，错误的是（　　）。

A. 在救人灭火步骤上，根据火场情况，有时先救人后灭火，有时为了救人先灭火，有时救人与灭火同时进行

B. 当火场上有人受到火势、浓烟、爆炸、毒害、腐蚀、放射性物质和倒塌等威胁时，积极抢救人命是灭火救援人员的首要任务

C. 火场上在灭火与救人同样需要人员和车辆、器材装备的情况下，必须首先满足灭火的需要

D. 火场中搜寻被困人员的方法主要有询问知情人、主动呼喊、查看、细听等

27. 火场上正确的逃生心理应该是（　　）。

A. 恐惧心理　B. 就近心理　C. 沉着冷静　D. 模仿心理

28. 在火场上，对一时难以疏散的物资，应当采取冷却或使用（　　）材料遮盖等措施加以保护。

A. 可燃或易燃　B. 难燃或不燃　C. 可燃　D. 易燃

29. 消防炮喷射泡沫时，通常选择在距燃烧区或燃烧物体（　　）m以外的上风或侧上风方向，避开有可能爆炸的部位。

A. 50　B. 40　C. 30　D. 25

30. 消防炮喷射干粉时，通常选择在燃烧区或燃烧物体（　　）m以内的上风或侧上风方向。

A. 50　　B. 40　　C. 30　　D. 25

31. 灭火战斗中，破拆的方法有多种多样，爆破法主要用来拆除（　　）。

A. 门　　B. 窗　　C. 墙　　D. 建筑物

32. 对高层、地下建筑火灾，尤其是地下建筑火灾，最好使用（　　）。

A. 自然排烟　　B. 人工排烟　　C. 机械排烟　　D. 通风排烟

33. 根据火灾产生的热气流的浮力和气象条件，利用建筑物本身的排烟竖井、排烟墙、排烟道等将热气流排出的排烟方法是（　　）。

A. 自然排烟　　B. 人工排烟　　C. 机械排烟　　D. 通风排烟

34. 火灾扑救中，减少水渍损失的原则是（　　）。

A. 不要轻易出水　　B. 不见明火不射水

C. 见到烟雾就射水　　D. 不见烟雾不射水

35. 灭火战斗中，为了防止分水器漏水造成水渍损失，分水器不应设置在（　　）。

A. 楼梯口　　B. 阳台　　C. 走廊　　D. 房间内

36. 下列不属于战斗结束后的工作的是（　　）。

A. 检查火场，防止复燃　　B. 清点人员和器材

C. 恢复备战状态　　D. 总结与讲评

37. 下列关于防坠落物击伤的表述中，错误的是（　　）。

A. 玻璃幕墙结构的建筑，燃烧部位的正下方不要停靠消防车辆

B. 上部破拆不准随手往下扔，破拆工具要检查保养牢靠，防止脱手和锤柄分离坠落伤人

C. 已经窜顶的砖木结构火灾，内攻时应先打天后打地，左右扫射来一遍，以清除不稳定后再逐步深入

D. 扑救在建工程脚手架火灾，为便于近距离打击火势，应在燃烧部位的正下方进行灭火操作

38. 遇水枪压力过高、动作不稳时应及时（　　）。

A. 关闭水枪　　B. 打开水枪　　C. 改为直流　　D. 扔掉水枪

39. 下列有关防触电的表述中，错误的是（　　）。

A. 扑救变电室火灾，由于触电危险性大，应事先切断电源，确认停电后方可进入内部灭火

B. 超高压和高压发电机房、变电所火灾扑救中，为避免触电事故一定要与有关技术人员等协作

C. 电气火灾具有一定的触电危险性，火灾扑救时应采取必要的防触电措施

D. 直流水冲击力大，扑救电气火灾没有危险性

40. 进入浓烟场所进行灭火时，不需要佩戴（携带）的是（　　）。

A. 照明灯具　　B. 生命呼救器　　C. 空气呼吸器　　D. 可燃气体检测仪

41. 大块玻璃进行破拆时，一般应从（　　）进行破拆。

A. 上方角　　B. 下方角　　C. 中间　　D. 任何方位都可以

42. 进入有火焰、高温和浓烟的区域进行火情侦察时，应用（　　）水流进行掩护。

A. 直流　　B. 开花　　C. 喷雾　　D. 洪水

# 第4部分

# 操作技能复习题

## 消防管理

**一、有关“消防安全责任制和消防安全制度”方面的应用（试题代码[①]：1.1.2；考核时间：5 min）**

1. 试题单

（1）操作条件

标准教室。

（2）操作内容

有关“消防安全责任制和消防安全制度”方面的应用。

（3）操作要求

1）有关“消防安全责任人”方面答辩正确。

2）有关“消防安全管理人”方面答辩正确。

3）有关“与其他单位共同使用建筑物时如何确定消防安全责任”方面答辩正确。

4）有关“消防安全制度的内容”方面答辩正确。

5）有关“消防安全制度的执行”方面答辩正确。

① 试题代码表示该试题在操作技能考核方案表格中的所属位置。左起第一位表示项目号，第二位表示单元号，第三位表示在该项目、单元下的第几个试题。

2. 评分表

<table>
<tr><td>试题代码及名称</td><td colspan="3">1.1.2 有关“消防安全责任制和消防安全制度”方面的应用</td><td colspan="5">考核时间</td><td>5 min</td></tr>
<tr><td rowspan="2">评价要素</td><td rowspan="2">配分</td><td rowspan="2">等级</td><td rowspan="2">评分细则</td><td colspan="5">评定等级</td><td rowspan="2">得分</td></tr>
<tr><td>A</td><td>B</td><td>C</td><td>D</td><td>E</td></tr>
<tr><td rowspan="5">【有关“消防组织管理”方面答辩】<br>1. 有关“消防安全责任人”方面答辩正确<br>2. 有关“消防安全管理人”方面答辩正确<br>【有关“与外单位确定消防安全责任”方面答辩】<br>3. 有关“与其他单位共同使用建筑物时如何确定消防安全责任”方面答辩正确<br>【有关“消防安全制度”方面答辩】<br>4. 有关“消防安全制度的内容”方面答辩正确<br>5. 有关“消防安全制度的执行”方面答辩正确</td><td rowspan="5">10</td><td>A</td><td>全部达到要求</td><td rowspan="5"></td><td rowspan="5"></td><td rowspan="5"></td><td rowspan="5"></td><td rowspan="5"></td><td rowspan="5"></td></tr>
<tr><td>B</td><td>5点鉴定要求中有4点达到鉴定要求</td></tr>
<tr><td>C</td><td>5点鉴定要求中有3点达到鉴定要求</td></tr>
<tr><td>D</td><td>5点鉴定要求中有2点达到鉴定要求</td></tr>
<tr><td>E</td><td>差或未答题</td></tr>
<tr><td>合计配分</td><td>10</td><td colspan="7">合计得分</td><td></td></tr>
</table>

| 等级 | A（优） | B（良） | C（及格） | D（较差） | E（差或未答题） |
|---|---|---|---|---|---|
| 比值 | 1.0 | 0.8 | 0.6 | 0.2 | 0 |

“评价要素”得分＝配分×等级比值。

**二、有关“消防安全检查和火灾隐患整改”方面的应用（试题代码：1.1.3；考核时间：5 min）**

1. 试题单

（1）操作条件

标准教室。

（2）操作内容

有关“消防安全检查和火灾隐患整改”方面的应用。

（3）操作要求

1）有关“防火巡查内容”方面答辩正确。

2）有关“防火巡查人员职责”方面答辩正确。

3）有关“防火检查频次”方面答辩正确。

4）有关“防火检查内容”方面答辩正确。

5）有关“火灾隐患整改原则”方面答辩正确。

2. 评分表

<table>
<tr><td colspan="2">试题代码及名称</td><td colspan="3">1.1.3 有关“消防安全检查和火灾隐患整改”方面的应用</td><td colspan="3">考核时间</td><td colspan="3">5 min</td></tr>
<tr><td rowspan="2">评价要素</td><td rowspan="2">配分</td><td rowspan="2">等级</td><td rowspan="2" colspan="2">评分细则</td><td colspan="5">评定等级</td><td rowspan="2">得分</td></tr>
<tr><td>A</td><td>B</td><td>C</td><td>D</td><td>E</td></tr>
<tr><td rowspan="5">【有关“防火巡查”方面答辩】<br>1. 有关“防火巡查内容”方面答辩正确<br>2. 有关“防火巡查人员职责”方面答辩正确<br>【有关“防火检查”方面答辩】<br>3. 有关“防火检查频次”方面答辩正确<br>4. 有关“防火检查内容”方面答辩正确<br>【有关“火灾隐患整改”方面答辩】<br>5. 有关“火灾隐患整改原则”方面答辩正确</td><td rowspan="5">10</td><td>A</td><td colspan="2">全部达到要求</td><td rowspan="5"></td><td rowspan="5"></td><td rowspan="5"></td><td rowspan="5"></td><td rowspan="5"></td><td rowspan="5"></td></tr>
<tr><td>B</td><td colspan="2">5 点鉴定要求中有 4 点达到鉴定要求</td></tr>
<tr><td>C</td><td colspan="2">5 点鉴定要求中有 3 点达到鉴定要求</td></tr>
<tr><td>D</td><td colspan="2">5 点鉴定要求中有 2 点达到鉴定要求</td></tr>
<tr><td>E</td><td colspan="2">差或未答题</td></tr>
<tr><td>合计配分</td><td>10</td><td colspan="8">合计得分</td><td></td></tr>
</table>

| 等级 | A（优） | B（良） | C（及格） | D（较差） | E（差或未答题） |
|---|---|---|---|---|---|
| 比值 | 1.0 | 0.8 | 0.6 | 0.2 | 0 |

“评价要素”得分＝配分×等级比值。

### 三、有关“消防安全教育培训和灭火应急疏散预案及消防演练”方面的应用（试题代码：1.1.4；考核时间：5 min）

1. 试题单

（1）操作条件

标准教室。

（2）操作内容

有关“消防安全教育培训和灭火应急疏散预案及消防演练”方面的应用。

（3）操作要求

1）有关“消防安全教育培训频次”方面答辩正确。

2）有关“消防安全教育培训内容”方面答辩正确。

3）有关“消防安全专门培训”方面答辩正确。

4）有关“灭火应急疏散预案制定对象”方面答辩正确。

5）有关“消防演练频次”方面答辩正确。

2. 评分表

<table>
<tr><td>试题代码及名称</td><td colspan="3">1.1.4　有关“消防安全教育培训和灭火应急疏散预案及消防演练”方面的应用</td><td colspan="3">考核时间</td><td colspan="3">5 min</td></tr>
<tr><td rowspan="2">评价要素</td><td rowspan="2">配分</td><td rowspan="2">等级</td><td rowspan="2">评分细则</td><td colspan="5">评定等级</td><td rowspan="2">得分</td></tr>
<tr><td>A</td><td>B</td><td>C</td><td>D</td><td>E</td></tr>
<tr><td rowspan="4">【有关“消防安全教育培训”方面答辩】<br>1. 有关“消防安全教育培训频次”方面答辩正确<br>2. 有关“消防安全教育培训内容”方面答辩正确<br>3. 有关“消防安全专门培训”方面答辩正确<br>【有关“灭火应急疏散预案及消防演练”方面答辩】<br>4. 有关“灭火应急疏散预案制定对象”方面答辩正确</td><td rowspan="4">10</td><td>A</td><td>全部达到要求</td><td rowspan="4"></td><td rowspan="4"></td><td rowspan="4"></td><td rowspan="4"></td><td rowspan="4"></td><td rowspan="4"></td></tr>
<tr><td>B</td><td>5 点鉴定要求中有 4 点达到鉴定要求</td></tr>
<tr><td>C</td><td>5 点鉴定要求中有 3 点达到鉴定要求</td></tr>
<tr><td>D</td><td>5 点鉴定要求中有 2 点达到鉴定要求</td></tr>
</table>

续表

| 试题代码及名称 | 1.1.4 有关“消防安全教育培训和灭火应急疏散预案及消防演练”方面的应用 | | | 考核时间 | | | 5 min | | |
|---|---|---|---|---|---|---|---|---|---|
| 评价要素 | 配分 | 等级 | 评分细则 | 评定等级 | | | | | 得分 |
| | | | | A | B | C | D | E | |
| 5. 有关“消防演练频次”方面答辩正确 | 10 | E | 差或未答题 | | | | | | |
| 合计配分 | 10 | 合计得分 | | | | | | | |

| 等级 | A（优） | B（良） | C（及格） | D（较差） | E（差或未答题） |
|---|---|---|---|---|---|
| 比值 | 1.0 | 0.8 | 0.6 | 0.2 | 0 |

“评价要素”得分＝配分×等级比值。

**四、有关“消防档案和火灾事故调查及火灾保险”方面的应用（试题代码：1.1.5；考核时间：5 min）**

1. 试题单

（1）操作条件

标准教室。

（2）操作内容

有关“消防档案和火灾事故调查及火灾保险”方面的应用。

（3）操作要求

1）有关“建立消防档案的范围”方面答辩正确。

2）有关“消防档案的内容”方面答辩正确。

3）有关“火灾事故调查任务”方面答辩正确。

4）有关“失火单位在火灾事故调查中应当做的工作”方面答辩正确。

5）有关“投保火灾险和公众责任险”方面答辩正确。

2. 评分表

<table>
<tr><td>试题代码及名称</td><td colspan="3">1.1.5　有关“消防档案和火灾事故调查及火灾保险”方面的应用</td><td colspan="5">考核时间</td><td>5 min</td></tr>
<tr><td rowspan="2">评价要素</td><td rowspan="2">配分</td><td rowspan="2">等级</td><td rowspan="2">评分细则</td><td colspan="5">评定等级</td><td rowspan="2">得分</td></tr>
<tr><td>A</td><td>B</td><td>C</td><td>D</td><td>E</td></tr>
<tr><td rowspan="5">【有关“消防档案”方面答辩】<br>1. 有关“建立消防档案的范围”方面答辩正确<br>2. 有关“消防档案的内容”方面答辩正确<br>【有关“火灾事故调查”方面答辩】<br>3. 有关“火灾事故调查任务”方面答辩正确<br>4. 有关“失火单位在火灾事故调查中应当做的工作”方面答辩正确<br>【有关“火灾保险”方面答辩】<br>5. 有关“投保火灾险和公众责任险”方面答辩正确</td><td rowspan="5">10</td><td>A</td><td>全部达到要求</td><td rowspan="5"></td><td rowspan="5"></td><td rowspan="5"></td><td rowspan="5"></td><td rowspan="5"></td><td rowspan="5"></td></tr>
<tr><td>B</td><td>5 点鉴定要求中有 4 点达到鉴定要求</td></tr>
<tr><td>C</td><td>5 点鉴定要求中有 3 点达到鉴定要求</td></tr>
<tr><td>D</td><td>5 点鉴定要求中有 2 点达到鉴定要求</td></tr>
<tr><td>E</td><td>差或未答题</td></tr>
<tr><td>合计配分</td><td>10</td><td colspan="7">合计得分</td><td></td></tr>
</table>

| 等级 | A（优） | B（良） | C（及格） | D（较差） | E（差或未答题） |
|---|---|---|---|---|---|
| 比值 | 1.0 | 0.8 | 0.6 | 0.2 | 0 |

“评价要素”得分＝配分×等级比值。

## 五、有关“消防安全标志”方面的应用（试题代码：1.1.6；考核时间：5 min）

1. 试题单

（1）操作条件

标准教室，2 种消防安全标志。

（2）操作内容

有关“消防安全标志”方面的应用。

（3）操作要求

1）识别出第 1 种标志的种类。

2）讲明第 1 种标志的名称或含义。

3）讲明第 1 种标志的设置场合。

4）识别出第 2 种标志的种类。

5）讲明第 2 种标志的名称或含义。

6）讲明第 2 种标志的设置场合。

2. 评分表

| 试题代码及名称 | 1.1.6 有关“消防安全标志”方面的应用 | | | 考核时间 | | 5 min | | | |
|---|---|---|---|---|---|---|---|---|---|
| 评价要素 | 配分 | 等级 | 评分细则 | 评定等级 | | | | | 得分 |
| | | | | A | B | C | D | E | |
| 1. 识别出第 1 种标志的种类<br>2. 讲明第 1 种标志的名称或含义<br>3. 讲明第 1 种标志的设置场合<br>4. 识别出第 2 种标志的种类<br>5. 讲明第 2 种标志的名称或含义<br>6. 讲明第 2 种标志的设置场合 | 10 | A | 全部达到要求 | | | | | | |
| | | B | 6 点鉴定要求中有 4 点达到鉴定要求 | | | | | | |
| | | C | 6 点鉴定要求中有 3 点达到鉴定要求 | | | | | | |
| | | D | 6 点鉴定要求中有 2 点达到鉴定要求 | | | | | | |
| | | E | 差或未答题 | | | | | | |
| 合计配分 | 10 | 合计得分 | | | | | | | |

| 等级 | A（优） | B（良） | C（及格） | D（较差） | E（差或未答题） |
|---|---|---|---|---|---|
| 比值 | 1.0 | 0.8 | 0.6 | 0.2 | 0 |

“评价要素”得分＝配分×等级比值。

**六、有关“电气防火”方面的应用（试题代码：1.2.2；考核时间：5 min）**

1. 试题单

（1）操作条件

标准教室。

（2）操作内容

有关“电气防火”方面的应用。

（3）操作要求

1）有关“电气火灾原因”方面答辩正确。

2）有关“电力网额定电压分类”方面答辩正确。

3）有关“室内外布线防火措施”方面答辩正确。

4）有关“临时用电线路防火措施”方面答辩正确。

5）有关“短路保护措施”方面答辩正确。

2. 评分表

<table>
<tr><td>试题代码及名称</td><td colspan="3">1.2.2　有关“电气防火”方面的应用</td><td colspan="2">考核时间</td><td colspan="4">5 min</td></tr>
<tr><td rowspan="2">评价要素</td><td rowspan="2">配分</td><td rowspan="2">等级</td><td rowspan="2">评分细则</td><td colspan="5">评定等级</td><td rowspan="2">得分</td></tr>
<tr><td>A</td><td>B</td><td>C</td><td>D</td><td>E</td></tr>
<tr><td rowspan="5">1. 有关“电气火灾原因”方面答辩正确<br>2. 有关“电力网额定电压分类”方面答辩正确<br>3. 有关“室内布线防火措施”方面答辩正确<br>4. 有关“临时用电线路防火措施”方面答辩正确<br>5. 有关“短路保护措施”方面答辩正确</td><td rowspan="5">15</td><td>A</td><td>全部达到要求</td><td rowspan="5"></td><td rowspan="5"></td><td rowspan="5"></td><td rowspan="5"></td><td rowspan="5"></td><td rowspan="5"></td></tr>
<tr><td>B</td><td>5 点鉴定要求中有 4 点达到鉴定要求</td></tr>
<tr><td>C</td><td>5 点鉴定要求中有 3 点达到鉴定要求</td></tr>
<tr><td>D</td><td>5 点鉴定要求中有 2 点达到鉴定要求</td></tr>
<tr><td>E</td><td>差或未答题</td></tr>
<tr><td>合计配分</td><td>15</td><td colspan="7">合计得分</td><td></td></tr>
</table>

| 等级 | A（优） | B（良） | C（及格） | D（较差） | E（差或未答题） |
|---|---|---|---|---|---|
| 比值 | 1.0 | 0.8 | 0.6 | 0.2 | 0 |

“评价要素”得分＝配分×等级比值。

## 七、有关“危险化学品防火”方面的应用（试题代码：1.2.3；考核时间：5 min）

1. 试题单

（1）操作条件

标准教室，2 种危险化学品标志。

（2）操作内容

有关“危险化学品防火”方面的应用。

（3）操作要求

1）讲明第 1 种标志所指危险化学品的类别与项别。

2）讲明第 1 种标志所指危险化学品的主要危险特性。

3）讲明第 1 种标志所指危险化学品的典型代表。

4）讲明第 2 种标志所指危险化学品的类别与项别。

5）讲明第 2 种标志所指危险化学品的主要危险特性。

6）讲明第 2 种标志所指危险化学品的典型代表。

2. 评分表

| 试题代码及名称 | 1.2.3 有关“危险化学品防火”方面的应用 | | | 考核时间 | 5 min | | | | |
|---|---|---|---|---|---|---|---|---|---|
| 评价要素 | 配分 | 等级 | 评分细则 | 评定等级 | | | | | 得分 |
| | | | | A | B | C | D | E | |
| 1. 讲明第 1 种标志所指危险化学品的类别与项别<br>2. 讲明第 1 种标志所指危险化学品的主要危险特性<br>3. 讲明第 1 种标志所指危险化学品的典型代表<br>4. 讲明第 2 种标志所指危险化学品的类别与项别<br>5. 讲明第 2 种标志所指危险化学品的主要危险特性<br>6. 讲明第 2 种标志所指危险化学品的典型代表 | 15 | A | 全部达到要求 | | | | | | |
| | | B | 6 点鉴定要求中有 4 点达到鉴定要求 | | | | | | |
| | | C | 6 点鉴定要求中有 3 点达到鉴定要求 | | | | | | |
| | | D | 6 点鉴定要求中有 2 点达到鉴定要求 | | | | | | |
| | | E | 差或未答题 | | | | | | |
| 合计配分 | 15 | 合计得分 | | | | | | | |

| 等级 | A（优） | B（良） | C（及格） | D（较差） | E（差或未答题） |
|---|---|---|---|---|---|
| 比值 | 1.0 | 0.8 | 0.6 | 0.2 | 0 |

“评价要素”得分＝配分×等级比值。

## 八、有关“火源管理”方面的应用（试题代码：1.2.4；考核时间：5 min）

1. 试题单

（1）操作条件

标准教室。

（2）操作内容

有关“火源管理”方面的应用。

（3）操作要求

1）有关“点火源种类”方面答辩正确。

2）有关“三级动火分级”方面答辩正确。

3）有关“固定动火区设立条件”方面答辩正确。

4）有关“动火许可证及审核签发要求”方面答辩正确。

5）有关“动火程序及安全要点”方面答辩正确。

2. 评分表

| 试题代码及名称 | 1.2.4　有关“火源管理”方面的应用 | | | 考核时间 | | 5 min | | | |
|---|---|---|---|---|---|---|---|---|---|
| 评价要素 | 配分 | 等级 | 评分细则 | 评定等级 | | | | | 得分 |
| | | | | A | B | C | D | E | |
| 1. 有关“点火源种类”方面答辩正确<br>2. 有关“三级动火分级”方面答辩正确<br>3. 有关“固定动火区设立条件”方面答辩正确<br>4. 有关“动火许可证及审核签发要求”方面答辩正确<br>5. 有关“动火程序及安全要点”方面答辩正确 | 15 | A | 全部达到要求 | | | | | | |
| | | B | 5点鉴定要求中有4点达到鉴定要求 | | | | | | |
| | | C | 5点鉴定要求中有3点达到鉴定要求 | | | | | | |
| | | D | 5点鉴定要求中有2点达到鉴定要求 | | | | | | |
| | | E | 差或未答题 | | | | | | |
| 合计配分 | 15 | 合计得分 | | | | | | | |

| 等级 | A（优） | B（良） | C（及格） | D（较差） | E（差或未答题） |
|---|---|---|---|---|---|
| 比值 | 1.0 | 0.8 | 0.6 | 0.2 | 0 |

“评价要素”得分＝配分×等级比值。

**九、有关“人员密集场所防火”方面的应用（试题代码：1.2.5；考核时间：5 min）**

1. 试题单

（1）操作条件

标准教室。

（2）操作内容

有关“人员密集场所防火”方面的应用。

（3）操作要求

1）有关“人员密集场所定义”方面答辩正确。

2）有关“人员密集场所安全疏散设施管理要求”方面答辩正确。

3）有关“人员密集场所消防设施管理要求”方面答辩正确。

4）有关“人员密集场所用电防火安全管理要求”方面答辩正确。

5）有关“人员密集场所用火、动火安全管理要求”方面答辩正确。

2. 评分表

<table>
<tr><td>试题代码及名称</td><td colspan="3">1.2.5 有关“人员密集场所防火”方面的应用</td><td colspan="3">考核时间</td><td colspan="3">5 min</td></tr>
<tr><td rowspan="2">评价要素</td><td rowspan="2">配分</td><td rowspan="2">等级</td><td rowspan="2">评分细则</td><td colspan="5">评定等级</td><td rowspan="2">得分</td></tr>
<tr><td>A</td><td>B</td><td>C</td><td>D</td><td>E</td></tr>
<tr><td rowspan="5">1. 有关“人员密集场所定义”方面答辩正确<br>2. 有关“人员密集场所安全疏散设施管理要求”方面答辩正确<br>3. 有关“人员密集场所消防设施管理要求”方面答辩正确<br>4. 有关“人员密集场所用电防火安全管理要求”方面答辩正确<br>5. 有关“人员密集场所用火、动火安全管理要求”方面答辩正确</td><td rowspan="5">15</td><td>A</td><td>全部达到要求</td><td rowspan="5"></td><td rowspan="5"></td><td rowspan="5"></td><td rowspan="5"></td><td rowspan="5"></td><td rowspan="5"></td></tr>
<tr><td>B</td><td>5点鉴定要求中有4点达到鉴定要求</td></tr>
<tr><td>C</td><td>5点鉴定要求中有3点达到鉴定要求</td></tr>
<tr><td>D</td><td>5点鉴定要求中有2点达到鉴定要求</td></tr>
<tr><td>E</td><td>差或未答题</td></tr>
<tr><td>合计配分</td><td>15</td><td colspan="7">合计得分</td><td></td></tr>
</table>

| 等级 | A（优） | B（良） | C（及格） | D（较差） | E（差或未答题） |
|---|---|---|---|---|---|
| 比值 | 1.0 | 0.8 | 0.6 | 0.2 | 0 |

“评价要素”得分＝配分×等级比值。

## 十、有关“仓储防火”方面的应用（试题代码：1.2.6；考核时间：5 min）

1. 试题单

（1）操作条件

标准教室。

（2）操作内容

有关“仓储防火”方面的应用。

（3）操作要求

1）有关“储存物品火灾危险性分类”方面答辩正确。

2）有关“仓库储存六距”方面答辩正确。

3）有关“仓库装卸消防安全管理”方面答辩正确。

4）有关“仓库电气防火管理”方面答辩正确。

5）有关“仓库火源管理”方面答辩正确。

2. 评分表

| 试题代码及名称 | 1.2.6　有关“仓储防火”方面的应用 | | | 考核时间 | | | | | |
|---|---|---|---|---|---|---|---|---|---|
| 评价要素 | 配分 | 等级 | 评分细则 | 评定等级 | | | | | 得分 |
| | | | | A | B | C | D | E | |
| 1. 有关“储存物品火灾危险性分类”方面答辩正确<br>2. 有关“仓库储存六距”方面答辩正确<br>3. 有关“仓库装卸消防安全管理”方面答辩正确<br>4. 有关“仓库电气防火管理”方面答辩正确<br>5. 有关“仓库火源管理”方面答辩正确 | 15 | A | 全部达到要求 | | | | | | |
| | | B | 5点鉴定要求中有4点达到鉴定要求 | | | | | | |
| | | C | 5点鉴定要求中有3点达到鉴定要求 | | | | | | |
| | | D | 5点鉴定要求中有2点达到鉴定要求 | | | | | | |
| | | E | 差或未答题 | | | | | | |
| 合计配分 | 15 | 合计得分 | | | | | | | |

| 等级 | A（优） | B（良） | C（及格） | D（较差） | E（差或未答题） |
|---|---|---|---|---|---|
| 比值 | 1.0 | 0.8 | 0.6 | 0.2 | 0 |

“评价要素”得分＝配分×等级比值。

# 消防设施设备操作使用

## 一、原地佩戴简易面具（试题代码：2.2.1；考核时间：5 min）

1. 试题单

（1）操作条件

1）简易面具。

2）消毒棉。

（2）操作内容

原地佩戴简易面具。

（3）操作要求

1）佩戴方法正确。

2）佩戴后舒适。

3）按要求复位。

2. 评分表

| 试题代码及名称 | 2.2.1 原地佩戴简易面具 | | | 考核时间 | | 5 min | | | |
|---|---|---|---|---|---|---|---|---|---|
| 评价要素 | 配分 | 等级 | 评分细则 | 评定等级 | | | | | 得分 |
| | | | | A | B | C | D | E | |
| 1. 打开简易面具的闷盖<br>2. 戴上简易面具<br>3. 将嘴、鼻对准简易面具的呼吸阀，调整呼吸<br>4. 收紧简易面具的松紧带<br>5. 按相反程序脱下简易面具并塞上闷盖 | 15 | A | 5 点都达到鉴定要求的 | | | | | | |
| | | B | 第 1，2，4，5 点达到鉴定要求的 | | | | | | |
| | | C | 第 1，2，4 点达到鉴定要求的 | | | | | | |
| | | D | 第 1，2 点达到鉴定要求的 | | | | | | |
| | | E | 第 1 点未达到鉴定要求或未答题 | | | | | | |
| 合计配分 | 15 | 合计得分 | | | | | | | |

| 等级 | A（优） | B（良） | C（及格） | D（较差） | E（差或未答题） |
|---|---|---|---|---|---|
| 比值 | 1.0 | 0.8 | 0.6 | 0.2 | 0 |

“评价要素”得分＝配分×等级比值。

## 二、原地佩戴空气呼吸器（试题代码 2.2.2；考核时间：5 min）

1. 试题单

（1）操作条件

1）空气呼吸器。

2）毛巾。

3）消毒棉。

4）垫子。

5）备用钢瓶。

（2）操作内容

原地佩戴空气呼吸器。

（3）操作要求

1）佩戴方法正确。

2）佩戴后呼吸正常。

3）按要求复位。

2. 评分表

| 试题代码及名称 | 2.2.2　原地佩戴空气呼吸器 | | | 考核时间 | | 5 min | | | |
|---|---|---|---|---|---|---|---|---|---|
| 评价要素 | 配分 | 等级 | 评分细则 | 评定等级 | | | | | 得分 |
| | | | | A | B | C | D | E | |
| 1. 打开气瓶阀，观察压力表，检查气瓶内压力是否符合规定要求，然后关闭气瓶阀<br>2. 检查面罩并用备用棉球轻擦眼罩和呼吸阀部位<br>3. 连接面罩与供气阀<br>4. 背上呼吸器<br>5. 打开气瓶阀，戴上面罩，调整呼吸<br>6. 收紧面罩和腰部的松紧带<br>7. 按相反程序脱下面具，关上气瓶阀 | 15 | A | 7 点都达到要求的 | | | | | | |
| | | B | 第 1，3，5，6，7 点达到要求的 | | | | | | |
| | | C | 第 1，3，5，6 点达到要求的 | | | | | | |
| | | D | 第 3，5 点达到要求的 | | | | | | |
| | | E | 第 3 或 5 点未达到要求或未答题 | | | | | | |
| 合计配分 | 15 | 合计得分 | | | | | | | |

| 等级 | A（优） | B（良） | C（及格） | D（较差） | E（差或未答题） |
|---|---|---|---|---|---|
| 比值 | 1.0 | 0.8 | 0.6 | 0.2 | 0 |

“评价要素”得分＝配分×等级比值。

## 三、利用安全绳救人（试题代码 2.3.1；考核时间：5 min）

1. 试题单

（1）操作条件

1）安全绳。

2）垫子。

（2）操作内容

利用安全绳救人。

（3）操作要求

1）按要求打连接扣及两种救人绳结。

2）结绳救人方法正确。

3）按要求复位。

2. 评分表

<table>
<tr><td colspan="1">试题代码及名称</td><td colspan="8">2.3.1　利用安全绳救人</td><td colspan="3">考核时间</td><td>5 min</td></tr>
<tr><td rowspan="2">评价要素</td><td rowspan="2">配分</td><td rowspan="2">等级</td><td rowspan="2">评分细则</td><td colspan="5">评定等级</td><td rowspan="2">得分</td></tr>
<tr><td>A</td><td>B</td><td>C</td><td>D</td><td>E</td></tr>
<tr><td rowspan="5">【打连接扣】<br>1. 利用相同粗细、不同粗细绳打连接扣<br>【利用“双绳椅子扣”结绳法救人】<br>2. 结绳方法正确<br>3. 结绳救人方法正确<br>【利用“三套腰结”结绳法救人】<br>4. 结绳方法正确<br>5. 结绳救人方法正确</td><td rowspan="5">15</td><td>A</td><td>5 点都达到要求的</td><td rowspan="5"></td><td rowspan="5"></td><td rowspan="5"></td><td rowspan="5"></td><td rowspan="5"></td><td rowspan="5"></td></tr>
<tr><td>B</td><td>任意 4 点达到要求的</td></tr>
<tr><td>C</td><td>第 1 点或第 2，3 点或第 4，5 点达到要求的</td></tr>
<tr><td>D</td><td>第 2，3，4，5 点仅一点达到要求的</td></tr>
<tr><td>E</td><td>差或未答题</td></tr>
<tr><td>合计配分</td><td>15</td><td colspan="7">合计得分</td><td></td></tr>
</table>

| 等级 | A（优） | B（良） | C（及格） | D（较差） | E（差或未答题） |
|---|---|---|---|---|---|
| 比值 | 1.0 | 0.8 | 0.6 | 0.2 | 0 |

“评价要素”得分＝配分×等级比值。

## 四、消防水枪操作使用（试题代码：2.4.1；考核时间：5 min）

1. 试题单

（1）操作条件

1）消防多功能水枪。

2）水带。

3）消火栓钥匙。

4）垫子。

（2）操作内容

消防水枪操作使用。

（3）操作要求

1）射水姿势正确。

2）射流变换操作正确。

3）按要求复位。

2. 评分表

| 试题代码及名称 | 2.4.1　消防水枪操作使用 | | | 考核时间 | 5 min | | | | |
|---|---|---|---|---|---|---|---|---|---|
| 评价要素 | 配分 | 等级 | 评分细则 | 评定等级 | | | | | 得分 |
| | | | | A | B | C | D | E | |
| 【射水姿势操作】<br>1. 站式射水姿势正确<br>2. 跪式射水姿势正确<br>3. 卧式射水姿势正确<br>【射流变换操作】<br>4. 直流射水操作正确<br>5. 喷雾射水操作正确<br>6. 直流开花射水操作正确<br>7. 喷雾开花射水操作正确 | 15 | A | 8点都达到要求的 | | | | | | |
| | | B | 任意6点达到要求的 | | | | | | |
| | | C | 任意4点达到要求的 | | | | | | |
| | | D | 任意2点达到要求的 | | | | | | |

续表

| 试题代码及名称 | 2.4.1 消防水枪操作使用 | | | 考核时间 | 5 min | | | | |
|---|---|---|---|---|---|---|---|---|---|
| 评价要素 | 配分 | 等级 | 评分细则 | 评定等级 | | | | | 得分 |
| | | | | A | B | C | D | E | |
| 8. 增大直流口径射水操作正确 | 15 | E | 差或未答题 | | | | | | |
| 合计配分 | 15 | 合计得分 | | | | | | | |

| 等级 | A（优） | B（良） | C（及格） | D（较差） | E（差或未答题） |
|---|---|---|---|---|---|
| 比值 | 1.0 | 0.8 | 0.6 | 0.2 | 0 |

“评价要素”得分＝配分×等级比值。

## 五、推车式灭火器操作使用（试题代码：2.5.2；考核时间：5 min）

1. 试题单

（1）操作条件

1）推车式干粉、二氧化碳灭火器。

2）油桶。

3）汽油。

4）点火棒。

5）打火机。

（2）操作内容

推车式灭火器操作使用。

（3）操作要求

1）能区分不同类型的灭火器并掌握各类灭火器的适用范围。

2）会进行灭火器的检查。

3）正确选择灭火器。

4）灭火位置正确。

5）快速、有效扑灭火灾。

6）按要求复位。

2. 评分表

| 试题代码及名称 | 2.5.2　推车式灭火器操作使用 | | | 考核时间 | | 5 min | | | |
|---|---|---|---|---|---|---|---|---|---|
| 评价要素 | 配分 | 等级 | 评分细则 | 评定等级 | | | | | 得分 |
| | | | | A | B | C | D | E | |
| 1. 区分不同类型的灭火器并口述各类灭火器的适用范围<br>2. 灭火器类型选择正确<br>3. 对选择的灭火器进行检查<br>4. 两人协同把灭火器从起点处推至火点上风方向，距离火点约5m处<br>5. 一人取下喷枪，拉直胶管，打开枪阀<br>6. 另一人打开容器阀门<br>7. 对准火焰根部喷射灭火剂直至火灭<br>8. 操作完毕，推灭火器回至起点处并放下灭火器<br>9. 两人交换操作角色，按上述要求再操作一遍 | 15 | A | 9点都达到要求的 | | | | | | |
| | | B | 第1，3，7点及其他任意3点达到要求的 | | | | | | |
| | | C | 第1，3，7点都达到要求的 | | | | | | |
| | | D | 第1，3，7点有一点达到要求的 | | | | | | |
| | | E | 第1，3，7点都未达到要求或未答题 | | | | | | |
| 合计配分 | 15 | | 合计得分 | | | | | | |

| 等级 | A（优） | B（良） | C（及格） | D（较差） | E（差或未答题） |
|---|---|---|---|---|---|
| 比值 | 1.0 | 0.8 | 0.6 | 0.2 | 0 |

“评价要素”得分＝配分×等级比值。

## 六、室外消火栓两带一枪出水操（试题代码：2.6.2；考核时间：5 min）

1. 试题单

（1）操作条件

1）地上式室外消火栓。

2）消防水带。

3）消防水枪。

4）消火栓钥匙。

（2）操作内容

室外消火栓两带一枪出水操。

（3）操作要求

1）熟悉室外消火栓的部件。

2）会操作室外消火栓。

2. 评分表

| 试题代码及名称 | 2.6.2　室外消火栓两带一枪出水操 | | | 考核时间 | 5 min | | | | |
|---|---|---|---|---|---|---|---|---|---|
| 评价要素 | 配分 | 等级 | 评分细则 | 评定等级 | | | | | 得分 |
| | | | | A | B | C | D | E | |
| 1. 打开闷盖<br>2. 施放水带<br>3. 接水带、水枪、栓口<br>4. 开阀门<br>5. 恢复系统（卷水带、关阀门） | 15 | A | 全部达到要求 | | | | | | |
| | | B | 5点鉴定要求中有4点达到鉴定要求 | | | | | | |
| | | C | 5点鉴定要求中有3点达到鉴定要求 | | | | | | |
| | | D | 5点鉴定要求中有2点达到鉴定要求 | | | | | | |
| | | E | 差或未答题 | | | | | | |
| 合计配分 | 15 | 合计得分 | | | | | | | |

| 等级 | A（优） | B（良） | C（及格） | D（较差） | E（差或未答题） |
|---|---|---|---|---|---|
| 比值 | 1.0 | 0.8 | 0.6 | 0.2 | 0 |

“评价要素”得分＝配分×等级比值。

## 七、室内消火栓一带一枪出水操（试题代码：2.6.3；考核时间：5 min）

1. 试题单

（1）操作条件

1）供水系统。

2）室内消火栓箱。

3）消防水带。

4）消防水枪。

（2）操作内容

室内消火栓一带一枪出水操。

(3) 操作要求

1) 会进行室内消火栓的常规检查。

2) 正确施放水带。

3) 连接水带、水枪、消水栓口。

4) 远程启动消防水泵。

2. 评分表

<table>
<tr><td>试题代码及名称</td><td colspan="3">2.6.3　室内消火栓一带一枪出水操</td><td colspan="3">考核时间</td><td colspan="3">5 min</td></tr>
<tr><td rowspan="2">评价要素</td><td rowspan="2">配分</td><td rowspan="2">等级</td><td rowspan="2">评分细则</td><td colspan="5">评定等级</td><td rowspan="2">得分</td></tr>
<tr><td>A</td><td>B</td><td>C</td><td>D</td><td>E</td></tr>
<tr><td rowspan="5">1. 进行室内消火栓的常规检查<br>2. 打开室内消火栓门<br>3. 远程启动消防水泵<br>4. 放水带，连接水带、水枪、栓口<br>5. 开阀门<br>6. 恢复系统（卷水带、关阀门）</td><td rowspan="5">15</td><td>A</td><td>全部达到要求</td><td rowspan="5"></td><td rowspan="5"></td><td rowspan="5"></td><td rowspan="5"></td><td rowspan="5"></td><td rowspan="5"></td></tr>
<tr><td>B</td><td>6 点鉴定要求中有 4 点达到鉴定要求</td></tr>
<tr><td>C</td><td>6 点鉴定要求中有 3 点达到鉴定要求</td></tr>
<tr><td>D</td><td>6 点鉴定要求中有 2 点达到鉴定要求</td></tr>
<tr><td>E</td><td>差或未答题</td></tr>
<tr><td>合计配分</td><td>15</td><td colspan="7">合计得分</td><td></td></tr>
</table>

| 等级 | A（优） | B（良） | C（及格） | D（较差） | E（差或未答题） |
|---|---|---|---|---|---|
| 比值 | 1.0 | 0.8 | 0.6 | 0.2 | 0 |

“评价要素”得分＝配分×等级比值。

## 八、室内消火栓两带一枪出水操（试题代码：2.6.4；考核时间：5 min）

1. 试题单

(1) 操作条件

1) 供水系统。

2) 室内消火栓箱。

3) 消防水带。

4) 消防水枪。

（2）操作内容

室内消火栓两带一枪出水操。

（3）操作要求

1）正确施放水带。

2）连接水带、水枪、消水栓口。

3）远程启动消防水泵。

2. 评分表

| 试题代码及名称 | 2.6.4　室内消火栓两带一枪出水操 | | | 考核时间 | 5 min | | | | |
|---|---|---|---|---|---|---|---|---|---|
| 评价要素 | 配分 | 等级 | 评分细则 | 评定等级 | | | | | 得分 |
| | | | | A | B | C | D | E | |
| 1. 进行室内消火栓的常规检查<br>2. 打开室内消火栓门<br>3. 远程启动消防水泵<br>4. 放水带，连接水带、水枪、栓口<br>5. 开阀门<br>6. 恢复系统（卷水带、关阀门） | 15 | A | 全部达到要求 | | | | | | |
| | | B | 6 点鉴定要求中有 4 点达到鉴定要求 | | | | | | |
| | | C | 6 点鉴定要求中有 3 点达到鉴定要求 | | | | | | |
| | | D | 6 点鉴定要求中有 2 点达到鉴定要求 | | | | | | |
| | | E | 差或未答题 | | | | | | |
| 合计配分 | 15 | 合计得分 | | | | | | | |

| 等级 | A（优） | B（良） | C（及格） | D（较差） | E（差或未答题） |
|---|---|---|---|---|---|
| 比值 | 1.0 | 0.8 | 0.6 | 0.2 | 0 |

“评价要素”得分＝配分×等级比值。

## 九、室内消火栓沿楼梯铺设登高出水操（试题代码：2.6.5；考核时间：5 min）

1. 试题单

（1）操作条件

1）供水系统。

2）室内消火栓箱。

3）消防水带。

4）消防水枪。

5）消防训练塔。

（2）操作内容

室内消火栓沿楼梯铺设登高出水操。

（3）操作要求

1）正确施放水带。

2）连接水带、水枪、消水栓口。

3）远程启动消防水泵。

2. 评分表

| 试题代码及名称 | 2.6.5　室内消火栓沿楼梯铺设登高出水操 | | | 考核时间 | | | | | 5 min |
|---|---|---|---|---|---|---|---|---|---|
| 评价要素 | 配分 | 等级 | 评分细则 | 评定等级 | | | | | 得分 |
| | | | | A | B | C | D | E | |
| 1. 进行室内消火栓的常规检查<br>2. 打开室内消火栓门<br>3. 远程启动消防水泵<br>4. 放水带，连接水带、水枪、栓口<br>5. 开阀门<br>6. 恢复系统（卷水带、关阀门） | 15 | A | 全部达到要求 | | | | | | |
| | | B | 6 点鉴定要求中有 4 点达到鉴定要求 | | | | | | |
| | | C | 6 点鉴定要求中有 3 点达到鉴定要求 | | | | | | |
| | | D | 6 点鉴定要求中有 2 点达到鉴定要求 | | | | | | |
| | | E | 差或未答题 | | | | | | |
| 合计配分 | 15 | 合计得分 | | | | | | | |

| 等级 | A（优） | B（良） | C（及格） | D（较差） | E（差或未答题） |
|---|---|---|---|---|---|
| 比值 | 1.0 | 0.8 | 0.6 | 0.2 | 0 |

“评价要素”得分＝配分×等级比值。

## 十、火灾报警系统触发器件的常规检查（试题代码：2.8.1；考核时间：5 min）

1. 试题单

（1）操作条件

1）火灾报警控制器。

2）感烟火灾探测器。

3）感温火灾探测器。

4）喷烟枪。

5）压下式手动火灾报警按钮。

（2）操作内容

火灾报警系统触发器件的常规检查。

（3）操作要求

1）掌握感烟火灾探测器常规检查的方法。

2）掌握感温火灾探测器常规检查的方法。

3）掌握手动报警按钮常规检查的方法。

2. 评分表

| 试题代码及名称 | | | 2.8.1　火灾报警系统触发器件的常规检查 | 考核时间 | | | 5 min | | |
|---|---|---|---|---|---|---|---|---|---|
| 评价要素 | 配分 | 等级 | 评分细则 | 评定等级 | | | | | 得分 |
| | | | | A | B | C | D | E | |
| 1. 感烟火灾探测器加烟<br>2. 感温火灾探测器加温<br>3. 按下手动报警按钮<br>4. 报警控制器消音并检查报警指示（火警总灯、地址）灯是否符合要求，报出报警地址<br>5. 复位 | 15 | A | 全部达到要求 | | | | | | |
| | | B | 1，2，3 点中任意两点以及第 4，5 点达到鉴定要求 | | | | | | |
| | | C | 1，2，3 点中任意一点以及第 4，5 点达到鉴定要求 | | | | | | |
| | | D | 5 点鉴定要求中有 1 点达到鉴定要求 | | | | | | |
| | | E | 差或未答题 | | | | | | |
| 合计配分 | 15 | 合计得分 | | | | | | | |

| 等级 | A（优） | B（良） | C（及格） | D（较差） | E（差或未答题） |
|---|---|---|---|---|---|
| 比值 | 1.0 | 0.8 | 0.6 | 0.2 | 0 |

“评价要素”得分＝配分×等级比值。

## 十一、消防控制室管理及应急程序（试题代码：2.9.1；考核时间：5 min）

1. 试题单

（1）操作条件

1）火灾自动报警系统。

2）联动控制器。

3）建筑防火、灭火设施。

（2）操作内容

消防控制室管理及应急程序。

（3）操作要求

1）掌握消防控制室管理要求。

2）掌握接到火警信号后处置程序。

2. 评分表

| 试题代码及名称 | 2.9.1　消防控制室管理及应急程序 | | | 考核时间 | | | 5 min | | |
|---|---|---|---|---|---|---|---|---|---|
| 评价要素 | 配分 | 等级 | 评分细则 | 评定等级 | | | | | 得分 |
| | | | | A | B | C | D | E | |
| 1. 口述消防控制室管理及应急程序<br>2. 联动控制器置于手动启动状态<br>3. 火灾探测器报警，手动启动防、排烟设施<br>4. 火灾确认后，将联动控制器置于自动、启动状态，报出自动启动设备名称，拨打 119 火警报警电话<br>5. 系统复位 | 15 | A | 全部达到要求 | | | | | | |
| | | B | 5 点鉴定要求中有 4 点达到鉴定要求 | | | | | | |
| | | C | 5 点鉴定要求中有 3 点达到鉴定要求 | | | | | | |
| | | D | 5 点鉴定要求中有 2 点达到鉴定要求 | | | | | | |
| | | E | 差或未答题 | | | | | | |
| 合计配分 | 15 | 合计得分 | | | | | | | |

| 等级 | A（优） | B（良） | C（及格） | D（较差） | E（差或未答题） |
|---|---|---|---|---|---|
| 比值 | 1.0 | 0.8 | 0.6 | 0.2 | 0 |

“评价要素”得分＝配分×等级比值。

## 十二、气体灭火系统的操作（试题代码：2.10.1；考核时间：5 min）

1. 试题单

（1）操作条件

1）气体灭火系统。

2）手动启动按钮。

3）气体灭火系统气瓶间。

4）秒表。

（2）操作内容

气体灭火系统的操作。

（3）操作要求

1）会手动、机械应急启动气体灭火系统。

2）口述气体灭火系统自动启动的原理。

2. 评分表

| 试题代码及名称 | | 2.10.1 气体灭火系统的操作 | | 考核时间 | | 5 min | | | |
|---|---|---|---|---|---|---|---|---|---|
| 评价要素 | 配分 | 等级 | 评分细则 | 评定等级 | | | | | 得分 |
| | | | | A | B | C | D | E | |
| 1. 手动启动气体灭火系统<br>2. 关闭防护区的门窗、停止防护区的空调、防排烟系统<br>3. 紧急停止<br>4. 手动启动，记录延时启动时间<br>5. 恢复系统<br>6. 机械应急启动气体灭火系统<br>7. 口述气体灭火系统自动启动的原理 | 15 | A | 全部达到要求 | | | | | | |
| | | B | 第1，2，3，4，5，6点达到要求 | | | | | | |
| | | C | 第1，2，3，4，5点达到鉴定要求或第6点或第7点达到鉴定要求 | | | | | | |
| | | D | 第1，2，3，4，5点中任意两点达到鉴定要求 | | | | | | |
| | | E | 第6，7点未达到鉴定要求且第1，2，3，4，5点中任意两点以下达到鉴定要求或未答题 | | | | | | |
| 合计配分 | 15 | 合计得分 | | | | | | | |

| 等级 | A（优） | B（良） | C（及格） | D（较差） | E（差或未答题） |
|---|---|---|---|---|---|
| 比值 | 1.0 | 0.8 | 0.6 | 0.2 | 0 |

“评价要素”得分＝配分×等级比值。

## 应急事故处置

### 一、执勤备战（试题代码：3.1.1；考核时间：5 min）

1. 试题单

（1）操作条件

标准教室。

（2）操作内容

执勤备战。

（3）操作要求

1）有关“等级战备制度”方面答辩正确。

2）有关“经常性战备等级划分与要求”方面答辩正确。

3）有关“超高层建筑、地铁、商市场专职消防队的组建要求”方面答辩正确。

4）有关“执勤力量的组成”方面答辩正确。

5）有关“单位专职消防队应当如何做好初起火灾扑救前的准备工作”方面答辩正确。

2. 评分表

| 试题代码及名称 | 3.1.1　执勤备战 | | | 考核时间 | | 5 min | | | |
|---|---|---|---|---|---|---|---|---|---|
| 评价要素 | 配分 | 等级 | 评分细则 | 评定等级 | | | | | 得分 |
| | | | | A | B | C | D | E | |
| 1. 有关“等级战备制度”方面答辩正确<br>2. 有关“经常性战备等级划分与要求”方面答辩正确<br>3. 有关“超高层建筑、地铁、商市场专职消防队的组建要求”方面答辩正确<br>4. 有关“执勤力量的组成”方面答辩正确 | 15 | A | 全部达到要求 | | | | | | |
| | | B | 5 点鉴定要求中有 4 点达到鉴定要求 | | | | | | |
| | | C | 5 点鉴定要求中有 3 点达到鉴定要求 | | | | | | |
| | | D | 5 点鉴定要求中有 2 点达到鉴定要求 | | | | | | |

续表

| 试题代码及名称 | | | 3.1.1　执勤备战 | 考核时间 | | | | 5 min | |
|---|---|---|---|---|---|---|---|---|---|
| 评价要素 | 配分 | 等级 | 评分细则 | 评定等级 | | | | | 得分 |
| | | | | A | B | C | D | E | |
| 5. 有关“单位专职消防队应当如何做好初起火灾扑救前的准备工作”方面答辩正确 | 15 | E | 差或未答题 | | | | | | |
| 合计配分 | 15 | | 合计得分 | | | | | | |

| 等级 | A（优） | B（良） | C（及格） | D（较差） | E（差或未答题） |
|---|---|---|---|---|---|
| 比值 | 1.0 | 0.8 | 0.6 | 0.2 | 0 |

“评价要素”得分＝配分×等级比值。

## 二、火灾事故处置基本原则（试题代码：3.1.2；考核时间：5 min）

1. 试题单

（1）操作条件

标准教室。

（2）操作内容

火灾事故处置基本原则。

（3）操作要求

1）有关“灭火作战的指导思想”方面答辩正确。

2）有关“先控制，后消灭原则”方面答辩正确。

3）有关“先重点，后一般原则”方面答辩正确。

4）有关“堵截战术”方面答辩正确。

5）有关“夹攻战术”方面答辩正确。

2. 评分表

<table>
<tr><td colspan="2">试题代码及名称</td><td colspan="2">3.1.2　火灾事故处置基本原则</td><td colspan="3">考核时间</td><td colspan="3">5 min</td></tr>
<tr><td rowspan="2">评价要素</td><td rowspan="2">配分</td><td rowspan="2">等级</td><td rowspan="2">评分细则</td><td colspan="5">评定等级</td><td rowspan="2">得分</td></tr>
<tr><td>A</td><td>B</td><td>C</td><td>D</td><td>E</td></tr>
<tr><td rowspan="5">【灭火作战基本原则应用答辩】<br>1. 有关“灭火作战的指导思想”方面答辩正确<br>2. 有关“先控制，后消灭原则”方面答辩正确<br>3. 有关“先重点，后一般原则”方面答辩正确<br>【灭火作战基本方法应用答辩】<br>4. 有关“堵截战术”方面答辩正确<br>5. 有关“夹攻战术”方面答辩正确</td><td rowspan="5">15</td><td>A</td><td>全部达到要求</td><td rowspan="5"></td><td rowspan="5"></td><td rowspan="5"></td><td rowspan="5"></td><td rowspan="5"></td><td rowspan="5"></td></tr>
<tr><td>B</td><td>5 点鉴定要求中有 4 点达到鉴定要求</td></tr>
<tr><td>C</td><td>5 点鉴定要求中有 3 点达到鉴定要求</td></tr>
<tr><td>D</td><td>5 点鉴定要求中有 2 点达到鉴定要求</td></tr>
<tr><td>E</td><td>差或未答题</td></tr>
<tr><td>合计配分</td><td>15</td><td colspan="7">合计得分</td><td></td></tr>
</table>

| 等级 | A（优） | B（良） | C（及格） | D（较差） | E（差或未答题） |
|---|---|---|---|---|---|
| 比值 | 1.0 | 0.8 | 0.6 | 0.2 | 0 |

“评价要素”得分＝配分×等级比值。

## 三、火灾报警（试题代码：3.1.3；考核时间：5 min）

1. 试题单

（1）操作条件

标准教室。

（2）操作内容

火灾报警。

（3）操作要求

1）有关“报警义务”方面答辩正确。

2）有关“报警对象”方面答辩正确。

3）有关“报警途径和方法”方面答辩正确。

4）有关“报警内容”方面答辩正确。

5）报警演示正确。

2. 评分表

| 试题代码及名称 | 3.1.3　火灾报警 | | | 考核时间 | 5 min | | | | |
|---|---|---|---|---|---|---|---|---|---|
| 评价要素 | 配分 | 等级 | 评分细则 | 评定等级 | | | | | 得分 |
| | | | | A | B | C | D | E | |
| 1. 有关“报警义务”方面答辩正确<br>2. 有关“报警对象”方面答辩正确<br>3. 有关“报警途径和方法”方面答辩正确<br>4. 有关“报警内容”方面答辩正确<br>5. 报警演示正确 | 15 | A | 全部达到要求 | | | | | | |
| | | B | 5点鉴定要求中有4点达到鉴定要求 | | | | | | |
| | | C | 5点鉴定要求中有3点达到鉴定要求 | | | | | | |
| | | D | 5点鉴定要求中有2点达到鉴定要求 | | | | | | |
| | | E | 差或未答题 | | | | | | |
| 合计配分 | 15 | 合计得分 | | | | | | | |

| 等级 | A（优） | B（良） | C（及格） | D（较差） | E（差或未答题） |
|---|---|---|---|---|---|
| 比值 | 1.0 | 0.8 | 0.6 | 0.2 | 0 |

“评价要素”得分＝配分×等级比值。

## 四、火情侦察与力量部署（试题代码：3.1.4；考核时间：5 min）

1. 试题单

（1）操作条件

标准教室。

（2）操作内容

火情侦察与力量部署。

（3）操作要求

1）有关“火情侦察任务”方面答辩正确。

2）有关“火情侦察方法”方面答辩正确。

3）有关“火场侦察人员组织”方面答辩正确。

4）有关“火场侦察要求”方面答辩正确。

5）有关“火场力量布置的主要方面”答辩正确。

2. 评分表

| 试题代码及名称 | 3.1.4　火情侦察与力量部署 | | | 考核时间 | | | | | 5 min |
|---|---|---|---|---|---|---|---|---|---|
| 评价要素 | 配分 | 等级 | 评分细则 | 评定等级 | | | | | 得分 |
| | | | | A | B | C | D | E | |
| 1. 有关“火情侦察任务”方面答辩正确<br>2. 有关“火情侦察方法”方面答辩正确<br>3. 有关“火场侦察人员组织”方面答辩正确<br>4. 有关“火场侦察要求”方面答辩正确<br>5. 有关“火场力量布置的主要方面”答辩正确 | 15 | A | 全部达到要求 | | | | | | |
| | | B | 5 点鉴定要求中有 4 点达到鉴定要求 | | | | | | |
| | | C | 5 点鉴定要求中有 3 点达到鉴定要求 | | | | | | |
| | | D | 5 点鉴定要求中有 2 点达到鉴定要求 | | | | | | |
| | | E | 差或未答题 | | | | | | |
| 合计配分 | 15 | 合计得分 | | | | | | | |

| 等级 | A（优） | B（良） | C（及格） | D（较差） | E（差或未答题） |
|---|---|---|---|---|---|
| 比值 | 1.0 | 0.8 | 0.6 | 0.2 | 0 |

“评价要素”得分＝配分×等级比值。

## 五、火场警戒与救人及自救（试题代码：3.1.5；考核时间：5 min）

1. 试题单

（1）操作条件

标准教室。

（2）操作内容

火场警戒与救人及自救。

（3）操作要求

1）有关“实施火场警戒条件”方面答辩正确。

2）有关“救人指导思想”方面答辩正确。

3）有关“搜寻被困人员方法”答辩正确。

4）有关“救人途径和方法”答辩正确。

5）有关“逃生途径和方法”答辩正确。

2. 评分表

<table>
<tr><td colspan="2">试题代码及名称</td><td colspan="6">3.1.5　火场警戒与救人及自救</td><td colspan="2">考核时间</td><td>5 min</td></tr>
<tr><td rowspan="2">评价要素</td><td rowspan="2">配分</td><td rowspan="2">等级</td><td rowspan="2">评分细则</td><td colspan="5">评定等级</td><td rowspan="2" colspan="2">得分</td></tr>
<tr><td>A</td><td>B</td><td>C</td><td>D</td><td>E</td></tr>
<tr><td rowspan="5">1. 有关“实施火场警戒条件”方面答辩正确<br>2. 有关“救人指导思想”方面答辩正确<br>3. 有关“搜寻被困人员方法”答辩正确<br>4. 有关“救人途径和方法”答辩正确<br>5. 有关“逃生途径和方法”答辩正确</td><td rowspan="5">15</td><td>A</td><td>全部达到要求</td><td rowspan="5"></td><td rowspan="5"></td><td rowspan="5"></td><td rowspan="5"></td><td rowspan="5"></td><td rowspan="5" colspan="2"></td></tr>
<tr><td>B</td><td>5 点鉴定要求中有 4 点达到鉴定要求</td></tr>
<tr><td>C</td><td>5 点鉴定要求中有 3 点达到鉴定要求</td></tr>
<tr><td>D</td><td>5 点鉴定要求中有 2 点达到鉴定要求</td></tr>
<tr><td>E</td><td>差或未答题</td></tr>
<tr><td>合计配分</td><td>15</td><td colspan="7">合计得分</td><td colspan="2"></td></tr>
</table>

| 等级 | A（优） | B（良） | C（及格） | D（较差） | E（差或未答题） |
|---|---|---|---|---|---|
| 比值 | 1.0 | 0.8 | 0.6 | 0.2 | 0 |

“评价要素”得分＝配分×等级比值。

## 六、疏散保护物资与火灾扑救（试题代码：3.1.6；考核时间：5 min）

1. 试题单

（1）操作条件

标准教室。

（2）操作内容

疏散保护物资与火灾扑救。

（3）操作要求

1）有关“火场上疏散与保护物资的目的”方面答辩正确。

2）有关“火场上需要疏散与保护的物资”方面答辩正确。

3）有关“疏散物资的方法”方面答辩正确。

4）有关“疏散物资的注意事项”方面答辩正确。

5）有关“保护物资的注意事项”方面答辩正确。

2. 评分表

| 试题代码及名称 | | 3.1.6　疏散保护物资与火灾扑救 | | 考核时间 | 5 min | | | | |
|---|---|---|---|---|---|---|---|---|---|
| 评价要素 | 配分 | 等级 | 评分细则 | 评定等级 | | | | | 得分 |
| | | | | A | B | C | D | E | |
| 1. 有关“火场上疏散与保护物资的目的”方面答辩正确<br>2. 有关“火场上需要疏散与保护的物资”方面答辩正确<br>3. 有关“疏散物资的方法”方面答辩正确<br>4. 有关“疏散物资的注意事项”方面答辩正确<br>5. 有关“保护物资的注意事项”方面答辩正确 | 15 | A | 全部达到要求 | | | | | | |
| | | B | 5 点鉴定要求中有 4 点达到鉴定要求 | | | | | | |
| | | C | 5 点鉴定要求中有 3 点达到鉴定要求 | | | | | | |
| | | D | 5 点鉴定要求中有 2 点达到鉴定要求 | | | | | | |
| | | E | 差或未答题 | | | | | | |
| 合计配分 | 15 | 合计得分 | | | | | | | |

| 等级 | A（优） | B（良） | C（及格） | D（较差） | E（差或未答题） |
|---|---|---|---|---|---|
| 比值 | 1.0 | 0.8 | 0.6 | 0.2 | 0 |

“评价要素”得分＝配分×等级比值。

## 七、火场破拆（试题代码：3.1.7；考核时间：5 min）

1. 试题单

（1）操作条件

标准教室。

（2）操作内容

火场破拆。

（3）操作要求

1）有关“火场破拆目的”方面答辩正确。

2）有关“火场破拆方法”方面答辩正确。

3）有关“火场破拆原则”方面答辩正确。

4）有关“窗户破拆”方面答辩正确。

5）有关“门破拆”方面答辩正确。

2. 评分表

| 试题代码及名称 | 3.1.7 火场破拆 | | | 考核时间 | 5 min | | | | |
|---|---|---|---|---|---|---|---|---|---|
| 评价要素 | 配分 | 等级 | 评分细则 | 评定等级 | | | | | 得分 |
| | | | | A | B | C | D | E | |
| 1. 有关“火场破拆目的”方面答辩正确<br>2. 有关“火场破拆方法”方面答辩正确<br>3. 有关“火场破拆原则”方面答辩正确<br>4. 有关“窗户破拆”方面答辩正确<br>5. 有关“门破拆”方面答辩正确 | 15 | A | 全部达到要求 | | | | | | |
| | | B | 5点鉴定要求中有4点达到鉴定要求 | | | | | | |
| | | C | 5点鉴定要求中有3点达到鉴定要求 | | | | | | |
| | | D | 5点鉴定要求中有2点达到鉴定要求 | | | | | | |
| | | E | 差或未答题 | | | | | | |
| 合计配分 | 15 | 合计得分 | | | | | | | |

| 等级 | A（优） | B（良） | C（及格） | D（较差） | E（差或未答题） |
|---|---|---|---|---|---|
| 比值 | 1.0 | 0.8 | 0.6 | 0.2 | 0 |

“评价要素”得分＝配分×等级比值。

**八、火场排烟（试题代码：3.1.8；考核时间：5 min）**

1. 试题单

（1）操作条件

标准教室。

（2）操作内容

火场排烟。

（3）操作要求

1）有关“火灾烟气的危害性”方面答辩正确。

2）有关“火场排烟方法”方面答辩正确。

3）有关“自然排烟”方面答辩正确。

4）有关“机械排烟”方面答辩正确。

5）有关“排烟要求”方面答辩正确。

2. 评分表

| 试题代码及名称 | | | 3.1.8　火场排烟 | 考核时间 | | 5 min | | | |
|---|---|---|---|---|---|---|---|---|---|
| 评价要素 | 配分 | 等级 | 评分细则 | 评定等级 | | | | | 得分 |
| | | | | A | B | C | D | E | |
| 1. 有关“火灾烟气的危害性”方面答辩正确<br>2. 有关“火场排烟方法”方面答辩正确<br>3. 有关“自然排烟”方面答辩正确<br>4. 有关“机械排烟”方面答辩正确<br>5. 有关“排烟要求”方面答辩正确 | 15 | A | 全部达到要求 | | | | | | |
| | | B | 5 点鉴定要求中有 4 点达到鉴定要求 | | | | | | |
| | | C | 5 点鉴定要求中有 3 点达到鉴定要求 | | | | | | |
| | | D | 5 点鉴定要求中有 2 点达到鉴定要求 | | | | | | |
| | | E | 差或未答题 | | | | | | |
| 合计配分 | 15 | | 合计得分 | | | | | | |

| 等级 | A（优） | B（良） | C（及格） | D（较差） | E（差或未答题） |
|---|---|---|---|---|---|
| 比值 | 1.0 | 0.8 | 0.6 | 0.2 | 0 |

“评价要素”得分＝配分×等级比值。

## 九、减少水渍损失与战斗结束后的工作（试题代码：3.1.9；考核时间：5 min）

1. 试题单

（1）操作条件

标准教室。

（2）操作内容

减少水渍损失与战斗结束后的工作。

（3）操作要求

1）有关“什么是水渍损失”方面答辩正确。

2）有关“水渍损失的危害”方面答辩正确。

3）有关“减少水渍损失原则”方面答辩正确。

4）有关“减少水渍损失方法”方面答辩正确。

5）有关“灭火战斗结束后的工作”方面答辩正确。

2. 评分表

| 试题代码及名称 | | | 3.1.9 减少水渍损失与战斗结束后的工作 | 考核时间 | | | | 5 min | |
|---|---|---|---|---|---|---|---|---|---|
| 评价要素 | 配分 | 等级 | 评分细则 | 评定等级 | | | | | 得分 |
| | | | | A | B | C | D | E | |
| 1. 有关“什么是水渍损失”方面答辩正确<br>2. 有关“水渍损失的危害”方面答辩正确<br>3. 有关“减少水渍损失原则”方面答辩正确<br>4. 有关“减少水渍损失方法”方面答辩正确<br>5. 有关“灭火战斗结束后的工作”方面答辩正确 | 15 | A | 全部达到要求 | | | | | | |
| | | B | 5 点鉴定要求中有 4 点达到鉴定要求 | | | | | | |
| | | C | 5 点鉴定要求中有 3 点达到鉴定要求 | | | | | | |
| | | D | 5 点鉴定要求中有 2 点达到鉴定要求 | | | | | | |
| | | E | 差或未答题 | | | | | | |
| 合计配分 | 15 | 合计得分 | | | | | | | |

| 等级 | A（优） | B（良） | C（及格） | D（较差） | E（差或未答题） |
|---|---|---|---|---|---|
| 比值 | 1.0 | 0.8 | 0.6 | 0.2 | 0 |

“评价要素”得分＝配分×等级比值。

# 第5部分

# 理论知识考试模拟试卷及答案

## 消防管理员（四级）理论知识试卷

### 注 意 事 项

1. 考试时间：90 min。

2. 请首先按要求在试卷的标封处填写您的姓名、准考证号和所在单位的名称。

3. 请仔细阅读各种题目的回答要求，在规定的位置填写您的答案。

4. 不要在试卷上乱写乱画，不要在标封区填写无关的内容。

| | 一 | 二 | 总分 |
|---|---|---|---|
| 得分 | | | |

| | |
|---|---|
| 得分 | |
| 评分人 | |

**一、判断题（第1题～第60题。将判断结果填入括号中。正确的填“√”，错误的填“×”。每题0.5分，满分30分）**

1. 消防技术标准不同于消防法律，不具有强制性。（ ）

2.《中华人民共和国消防法》第五十八条规定，依法应当进行消防验收的建设工程，未经消防验收或者消防验收不合格，擅自投入使用的，责令限期整改，逾期不改正的，责令停

止施工、停止使用或者停产停业，并处三万元以上三十万元以下罚款。（ ）

3.《中华人民共和国消防法》第六十四条规定，在火灾发生后阻拦报警，或者负有报告职责的人员不及时报警的，尚不构成犯罪的，处十日以上十五日以下拘留，可以并处五百元以下罚款；情节较轻的，处警告或者五百元以下罚款。（ ）

4. 任何物质发生燃烧，必须具备可燃物、氧化剂（助燃物）和温度（引火源）三个必要条件。（ ）

5. F类火灾主要是指可燃金属火灾。（ ）

6. 烃是最简单的有机化合物，可以看做是其他有机化合物的母体，其他有机化合物可以看做是烃的衍生物。（ ）

7. 民用建筑一般可分为居住建筑和公共建筑两大类。（ ）

8. 屋顶属于非承重构件。（ ）

9. 平面图主要用于反映房屋的外貌。（ ）

10. 消防水枪一般由枪筒和喷嘴组成。（ ）

11. 消防重点部位不仅存在于消防安全重点单位中，而且存在于非消防安全重点单位中。（ ）

12. 单位的主要负责人是本单位的消防安全责任人。（ ）

13. 敷设电气线路、安装和维修电气设备，必须由正式电工承担。（ ）

14. 防火检查应当填写检查记录，检查人员及其主管人员应当在检查记录上签名。（ ）

15. 当生产与安全发生矛盾时，应以生产为先。（ ）

16. 机关、团体、企业、事业等单位，应当加强对本单位人员的消防宣传教育。（ ）

17. 单位外围警戒任务是：清除路障，指导一切无关车辆离开现场，劝导过路行人撤离现场，维持好单位外围的秩序，迎接消防车，为消防队员到场灭火创造有利条件。（ ）

18. 火灾事故调查的任务是调查火灾原因，统计火灾损失，依法对火灾事故作出处理，总结火灾教训。（ ）

19. 国家鼓励、引导公众聚集场所和生产、储存、运输、销售易燃易爆危险品的企业投保火灾公众责任保险。（ ）

20. 企业财产保险中“三停”是指停产、停业、停工。（　）

21. 所谓防火分区就是采用具有一定耐火性能的分隔构件划分的，能始终防止火灾向同一建筑物的其他部分蔓延的局部区域（空间单元）。（　）

22. 防火墙上不应开设门、窗、洞口，如必须开设时，应采用乙级防火门、窗，并应能自行关闭。（　）

23. 搭接的双扇防火门和多扇防火门应能按顺序关闭，为此应加设顺序闭门器或采用调速闭门器。（　）

24. 防火卷帘下面严禁堆物，以防火灾时卷帘降不到底，造成火灾蔓延。（　）

25. 当厂房内由于生产工艺连续性的要求等原因无法设防火墙时，可以改设防火带。（　）

26. 防烟分区是指以屋顶挡烟隔板、挡烟垂壁或从顶棚向下突出不小于 500 mm 的梁为界，从地板到屋顶或吊顶之间的规定空间。（　）

27. 汽车库、修车库的人员安全出口和汽车疏散出口应分开设置。（　）

28. 高层民用建筑中封闭楼梯间的门应为向疏散方向开启的甲级防火门。（　）

29. 室外疏散楼梯主要用于应急疏散，可作为辅助防烟楼梯使用。（　）

30. 体育馆观众厅安全出口的数目不应少于两个，且每个安全出口的平均疏散人数不宜超过 400～700 人。（　）

31. 火灾应急广播扬声器应设置在走道和大厅等公共场所。（　）

32. 电气火灾多发生在春、秋季。（　）

33. 电缆头是影响电缆绝缘性能的关键部位，最容易成为引火源。（　）

34. 根据危险化学品分类，其中气体属于第二类危险品。（　）

35. 按液体闪点的高低可以将易燃液体分为低闪点液体、中闪点液体和高闪点液体三类。（　）

36. 目前普遍使用的攀登器材有单杠梯、挂钩梯和拉梯等。（　）

37. 特殊水枪主要有多头水枪、高压水枪、穿孔水枪等。（　）

38. 消防水带的标准长度是每条 30 m。（　）

39. 严冬季节火场需暂停供水时，为防止水带冻结，应保持水流小流量通过。（　）

40. 事故现场标志器材是指用于事故现场设置警戒区域、警示事故性质、提醒人员和车辆注意的各种器材、标志。（　）

41. 每个室外低压消火栓的出水流量一般按 10～15 L/s 计。（　）

42. 室外消火栓进行维护保养时，应开启消火栓放尽锈水，以便于火灾发生时消防车能正常使用消火栓。（　）

43. 消防水泵串联的目的是为了增加出水流量。（　）

44. 高层建筑灭火系统必须立足于自救。（　）

45. 不分区给水方式即整幢高层建筑采用一个区供水，它是高层建筑给水方式中最简单、最基本的一种。（　）

46. 室内消火栓给水系统应有一定的水压，保证消火栓的水枪射流有一定的充实水柱长度，以满足扑救火灾的要求。（　）

47. 高层工业与民用建筑的室内消火栓的布置间距不应超过 50 m。（　）

48. 消防水喉设备的特点是操作方便，出水迅速，有利于扑救初起火灾。（　）

49. 屋顶消火栓是指试验、检查消火栓给水系统的供水能力和管网运行状况的消火栓。（　）

50. 湿式自动喷水灭火系统由开式喷头、管道系统、湿式报警阀、报警装置和供水设施等组成。（　）

51. 预作用喷水灭火系统兼有开式和闭式系统的优点。（　）

52. 报警阀是自动喷水灭火系统中重要的组件之一，平时始终处于打开状态，只有火灾时关闭。（　）

53. 火灾自动报警系统应由触发装置、火灾报警装置、火灾警报装置和消防联动控制设备四部分组成。（　）

54. 为了保证火灾自动报警系统的连续正常运行和可靠性，使用单位应建立定期检查、维护程序。（　）

55. 容器阀的作用是平时用来封存灭火剂，火灾时自动或手动开启释放灭火剂。（　）

56. 在火灾扑救中为减少水渍损失应接近燃烧区射水。（　）

57. 深夜灭火结束归队后，应先安排休息，待次日再及时组织调换器材装备以恢复

战备。（　　）

58. 灭火行动中，应戴好消防头盔，以防坠落物、对面射水以及突出物件伤害头部。（　　）

59. 在倾斜屋顶上射水，应使水带弯转铺设并用挂钩或绳索挂牢系住，防止加压时水带下滑，致水枪手跌落。（　　）

60. 易燃易爆气体泄漏时，应用雾状水进行稀释、驱赶，以防爆炸。（　　）

| | |
|---|---|
| 得分 | |
| 评分人 | |

**二、单项选择题（第 1 题～第 140 题。选择一个正确的答案，将相应的字母填入题内的括号中。每题 0.5 分，满分 70 分）**

1. 消防行政处罚执法主体是（　　）。

A. 公安局　B. 工商局　C. 税务局　D. 公安机关消防机构

2.《中华人民共和国消防法》第五十八条规定，依法应当经公安机关消防机构进行消防设计审核的建设工程，未经依法审核或者审核不合格，擅自施工的，处以（　　）。

A. 责令停止施工、停止使用或者停产停业

B. 责令限期改正

C. 责令停止施工、停止使用或者停产停业，并处三万元以上三十万元以下罚款

D. 三万元以上三十万元以下罚款

3.《中华人民共和国消防法》第六十条规定，擅自拆除、停用消防设施、器材的，处以（　　）。

A. 一千元以下罚款　B. 五千元以下罚款

C. 五千元以上五万元以下罚款　D. 三万元以上三十万元以下罚款

4.《中华人民共和国消防法》第六十五条规定，人员密集场所使用不合格的消防产品的，处以（　　）。

A. 责令停产停业，并处五千元以上五万元以下罚款

B. 责令限期改正；逾期不改正的，责令停产停业，可以并处五千元以上五万元以下罚款

C. 责令限期改正；逾期不改正的，处五千元以上五万元以下罚款

D. 三万元以上三十万元以下罚款

5.《中华人民共和国消防法》第六十四条规定，过失引起火灾，尚不构成犯罪且情节较轻的，处以（　　）。

A. 十日以上十五日以下拘留　　B. 警告

C. 警告或者五百元以下罚款　　D. 五日以下拘留

6. 下列属于公安机关消防部门管辖的犯罪案件是（　　）。

A. 消防责任事故罪　　B. 放火罪

C. 抢劫罪　　D. 重大责任事故罪

7. 下列属于助燃物的是（　　）。

A. 海绵　　B. 炉火　　C. 氧气　　D. 烟囱飞火

8. 按闪点高低划分，易燃液体可分为三项，其中高闪点液体是指（　　）。

A. 闪点＜－18℃　　B. －18℃≤闪点＜23℃

C. 23℃≤闪点≤61℃　　D. 闪点＞61℃

9. 黄磷的自燃点很低，约为（　　）℃。

A. 10　　B. 30　　C. 50　　D. 100

10. 一级可燃气体的爆炸下限小于（　　）。

A. 2％　　B. 5％　　C. 10％　　D. 20％

11. 从防火基本原理来讲，“在建筑物之间设置防火防烟分区、筑防火墙、留防火间距”，是通过（　　）途径来提高防火性能。

A. 控制可燃物　　B. 消除点火源

C. 控制生产中的工艺参数　　D. 防止火势扩散蔓延

12. 扑救火灾的最佳时机是火灾的（　　）阶段。

A. 初起　　B. 发展　　C. 猛烈　　D. 下降

13. 分子中具有一个碳碳双键的开链不饱和烃称为（　　）。

A. 烷烃　　B. 烯烃　　C. 炔烃　　D. 芳香烃

14. 我国的发电机、电动机、电力变压器和照明设备等都是按（　　）Hz 交流电设

计的。

A. 50　　B. 100　　C. 220　　D. 380

15. 下列不属于建筑构件的燃烧性能分类的是（　　）。

A. 易燃烧体　　B. 燃烧体　　C. 难燃烧体　　D. 不燃烧体

16. 下列有关钢筋混凝土结构性能的表述中，错误的是（　　）。

A. 刚度大　　B. 抗裂性好　　C. 抗裂性差　　D. 耐火性能好

17. 水的纯度越高，水的导电性能越（　　）。

A. 好　　B. 差　　C. 一样　　D. 无法确定

18. 常用消防直流水枪的喷嘴口径一般为（　　）mm。

A. 10　　B. 13　　C. 19　　D. 50

19. 在与房屋立面平行的投影面上所作的房屋的正投影图，就是（　　）。

A. 建筑平面图　　B. 建筑立面图　　C. 建筑剖面图　　D. 建筑总平面图

20. 下列有关消防水枪的表述中，错误的是（　　）。

A. 直流水枪是由枪筒和喷嘴所组成的

B. 直流水枪密集射流的质量与水枪喷嘴有密切关系

C. 直流水枪密集射流的质量与水枪喷嘴没有关系

D. 常用消防直流水枪的喷嘴口径一般为 19 mm

21.《机关、团体、企业、事业单位消防安全管理规定》规定，机关单位应当至少（　　）进行一次防火检查。

A. 每日　　B. 每周　　C. 每月　　D. 每季度

22. 以下（　　）不属于消防安全检查中对消防设施功能进行测试的方法。

A. 消火栓出水　　B. 多方面联合执法

C. 探测器动作测试　　D. 喷淋泵启动

23. 下列情形中，可不判定为重大火灾隐患的是（　　）。

A. 不能立即整改的

B. 因国家标准修订引起的

C. 发生火灾足以导致特大火灾事故后果或严重社会影响的

D. 对重大火灾隐患依法进行了消防技术论证，但没有采取相应技术措施的

24. 单位违反《中华人民共和国消防法》的规定，有下列（　　）行为的，责令改正，处五千元以上五万元以下罚款。

A. 人员密集场所在门窗上设置影响逃生和灭火救援的障碍物的

B. 人员密集场所使用不合格的消防产品的

C. 建筑设计单位不按照消防技术标准强制性要求进行消防设计的

D. 非法携带易燃易爆危险品进入公共场所的

25. 下列消防违法行为中，应当责令限期整改的是（　　）。

A. 人员密集场所在门窗上设置影响逃生和灭火救援的障碍物的

B. 非法携带易燃易爆危险品进入公共场所

C. 对火灾隐患经公安机关消防机构通知后不及时采取措施消除的

D. 人员密集场所使用不合格的消防产品的

26.《人员密集场所消防安全管理》规定，人员密集场所应至少（　　）组织一次对从业人员的集中消防培训。

A. 每月　　B. 每季度　　C. 每半年　　D. 每年

27. 根据《机关、团体、企业、事业单位消防安全管理规定》的规定，下列人员中，不需要参加消防安全专门培训的是（　　）。

A. 单位的消防安全责任人　　B. 专职消防管理人员

C. 兼职消防管理人员　　D. 单位财务总监

28. 进行消防安全教育时要讲究时效性，下列消防安全教育的内容不适合在夏季进行的是（　　）。

A. 危险品防自燃　　B. 炉火取暖防火

C. 危险品防热　　D. 危险品防潮

29. 灭火和应急疏散预案不包括下列内容中的（　　）。

A. 专职消防队和志愿消防队的调派程序

B. 安全防护救护的程序和措施

C. 报警和接警处置程序

D. 扑救初起火灾的程序和措施

30. 消防安全重点单位应按照灭火和应急疏散预案的要求，至少（　　）进行一次演练。

A. 每月　　B. 每季度　　C. 每半年　　D. 每年

31. 消防档案应当包括消防安全基本情况和消防安全管理情况，其中消防安全基本情况中不包括（　　）。

A. 单位基本概况和消防安全重点部位情况

B. 消防安全制度

C. 灭火器材情况

D. 防火检查、巡查记录

32. 关于单位对火灾现场的保护，下列说法中错误的是（　　）。

A. 火灾现场保护范围的划定，可以由发生火灾的单位自行决定

B. 火灾现场保护的时间应从发现起火时起至失去保护价值时止

C. 火灾现场保护的撤销，应由公安机关消防机构或立案机关决定

D. 火灾现场保护范围的划定，应根据着火物质的性质和燃烧特点等不同情况来决定

33. 下列不属于火灾间接经济损失范围的是（　　）。

A. 现场施救费用　　B. 善后处理费用

C. 人员伤亡处理费用　　D. 火灾中水渍损失

34. 引起火灾事故的各种原因包括基础原因、间接原因和直接原因，其中属于直接原因的是（　　）。

A. 员工违反安全操作规程　　B. 消防安全制度不落实

C. 员工不懂消防安全知识　　D. 员工不能熟练地运用安全措施

35. 火灾公众责任险是以被保险人因火灾造成的对（　　）的伤害所依法应付的赔偿责任为保险标的的保险。

A. 保险人　　B. 被保险人

C. 第三者　　D. 公安机关消防机构

36. 在企业财产保险的火灾损失赔偿责任的判定中，下列属于火灾赔偿责任的是（　）。

A. 在烘炉中烘烤线圈，因温度过高而烧毁

B. 必须是失去控制后，火势有蔓延扩大的

C. 电气设备因使用过度造成本身损毁

D. 点火烧荒

37. 消防档案应当包括消防安全基本情况和消防安全管理情况，其中消防安全基本情况中不包括（　）。

A. 公安机关消防机构填发的各种法律文书

B. 消防安全制度

C. 灭火器材情况

D. 单位基本概况和消防安全重点部位情况

38. 关于消防安全检查的作用，以下说法中错误的是（　）。

A. 消防安全检查可以督促各种消防法规、规章制度和措施的贯彻落实

B. 消防安全检查不能发现领导对消防工作的重视程度

C. 消防安全检查可以促进消防安全责任制的落实

D. 消防安全检查可以起到宣传消防知识的作用

39. 下列对消防档案的管理和使用要求的描述中，错误的是（　）。

A. 综合分析，提出措施　　B. 集中保管，方便使用

C. 无须清理，及时补充　　D. 定期清理，及时补充

40. 安全标志中，基本形式为圆形边框的标志属于（　）。

A. 禁止标志　　B. 警告标志　　C. 指令标志　　D. 提示标志

41. 公安机关消防机构对火灾事故进行处理时，对涉嫌失火罪的，按照公安机关办理刑事案件的有关规定立案侦查，依法追究（　）责任。

A. 民事　　B. 刑事　　C. 行政　　D. 民事和行政

42. 火灾事故发生后，应当接受调查访问的人员中不包括（　）。

A. 最先发现起火的人　　B. 报火警的人

C. 现场围观的无关人员　　　　　　D. 最先到达火场和扑救的人

43. 擅自改变原有防火分区，造成防火分区面积超过规定的（　　），可以作为判定为重大火灾隐患的依据。

A. 20%　　　B. 30%　　　C. 50%　　　D. 100%

44. 以下不属于消防安全检查中对消防设施功能进行测试的方法的是（　　）。

A. 消火栓出水　　　　　　B. 喷淋泵启动

C. 探测器动作测试　　　　D. 询问单位员工消防知识掌握情况

45. （　　）不是火灾隐患的整改原则。

A. 隐患查不清不放过　　　　B. 相关责任人不追究不放过

C. 整改措施不落实不放过　　D. 不彻底整改不放过

46. 建筑内设有（　　）时，设有该设备的防火分区的面积可以增加 1 倍。

A. 自动报警设备　　　　B. 自动灭火设备

C. 消火栓和灭火器　　　D. 防排烟设备

47. 下列选项中，属于水平方向划分防火分区的防火分隔物是（　　）。

A. 防火门　　B. 防烟楼梯间　　C. 耐火楼板　　D. 封闭楼梯间

48. 紧靠防火墙两侧的门、窗、洞口之间最近边缘的水平距离不应小于（　　）m。

A. 1　　　B. 2　　　C. 3　　　D. 4

49. 下列关于防火门的设置要求中，说法错误的是（　　）。

A. 关闭后很难或不能随时开启的防火门，应在门扇上加开活动小门

B. 经常处于关闭状态的防火门，当发生火灾时，应具有自行开启和信息反馈的功能

C. 在楼梯间的防火门应具有自动关闭的功能

D. 疏散通道上的防火门应为向疏散方向开启的平开门

50. 高层民用建筑中竖向井道的检查门应为（　　）级防火门。

A. 甲　　　B. 乙　　　C. 丙　　　D. 丁

51. 防火卷帘门两侧各（　　）m 范围内不得堆放物品，并应用黄色标志线划定范围。

A. 0.2　　　B. 0.5　　　C. 1.0　　　D. 2.0

52. 乙级 A 类防火窗的最低耐火极限是（　　）h。

A. 0.5　　B. 0.9　　C. 1.0　　D. 1.5

53. 防火水幕带可以起防火墙的作用，其中防火水幕带形成的水幕宽度不宜小于（　　）m。

A. 2　　B. 3　　C. 5　　D. 6

54. 防火挑檐应采用（　　）制作，具有一定的耐火性能。

A. 不燃性材料　　B. 可燃性材料　　C. 易燃性材料　　D. 难燃性材料

55. 凡符合建筑耐火设计要求的楼板则为耐火楼板，其中一级耐火等级建筑物的楼板的耐火极限应在（　　）h 以上。

A. 0.5　　B. 1.0　　C. 1.5　　D. 2.0

56. 关于防火带，下列说法中错误的是（　　）。

A. 防火带中的屋顶结构应用不燃性材料制作

B. 防火带最好设置在厂房、仓库内的通道部位

C. 防火带下可以临时堆放可燃物资

D. 防火带下不得搭建可燃建（构）筑物

57. 关于防火阀的设置要求，下列说法中错误的是（　　）。

A. 通风管道穿越不燃烧体楼板处应设防火阀

B. 通风管道穿越防火墙处应设防火阀

C. 在排烟系统的排烟支管上，应设防火阀

D. 进入设有气体灭火系统房间的通风、空调管道上，应设防火阀

58. 关于防烟分区的设置要求，下列叙述中错误的是（　　）。

A. 不设排烟设施的房间和走道，不划分防烟分区

B. 防烟分区可以跨越防火分区

C. 防烟分区一般不跨越楼层

D. 对有特殊用途的场所，如防烟楼梯间应单独划分防烟分区

59. 对于高层建筑，其安全疏散允许时间可按（　　）min 考虑。

A. 5～7　　B. 3～5　　C. 2～4　　D. 7～9

60. 高层建筑每层疏散楼梯最小总宽度应按其通过人数（　　）计算。

A. 0.8 m/100 人　　B. 0.9 m/100 人

C. 1 m/100 人　　D. 1.1 m/100 人

61. 单层、多层民用建筑中的疏散走道（观众厅内的疏散走道除外）的最小净宽度不应小于（　　）m。

A. 0.8　　B. 1　　C. 1.1　　D. 1.2

62. 当厂房内各层人数不等时，其楼梯总宽度应分层计算，下层楼梯总宽度按上层人数最多的一层人数计算，但最小净宽度不宜小于（　　）m。

A. 0.8　　B. 1.1　　C. 1.5　　D. 2

63. 关于疏散楼梯间的设置要求，下列叙述中错误的是（　　）。

A. 楼梯间的布置，应尽量避免形成袋形走道

B. 楼梯间应靠近标准层的两端布置

C. 楼梯间应靠近防火分区的两端布置

D. 楼梯间及其前室内可以附设可燃材料储藏室

64. 下列选项中，一般应设封闭楼梯间的建筑物是（　　）。

A. 建筑高度不超过 24 m 的疗养院的病房楼

B. 塔式高层住宅

C. 建筑高度超过 24 m 且每层人数超过 10 人的高层厂房

D. 一类高层民用建筑

65. 封闭楼梯间的首层紧接主要出口时，可将走道和门厅等包括在楼梯间内形成扩大的（　　）。

A. 防烟楼梯间　　B. 敞开楼梯间　　C. 室外楼梯间　　D. 封闭楼梯间

66. 下列选项中，一般应设防烟楼梯间的建筑物是（　　）。

A. 建筑高度不超过 24 m 的医院的病房楼

B. 建筑高度不超过 24 m 的疗养院的病房楼

C. 丙类生产厂房

D. 一类高层民用建筑

67. 防烟楼梯间独立前室的面积，对居住建筑不应小于（　　）$m^2$。

A. 4.5　　B. 6　　C. 8　　D. 10

68. 室外疏散楼梯的最小净宽不应小于（　　）m。

A. 0.6　　B. 0.9　　C. 1　　D. 1.1

69. 下列选项中，关于疏散走道设置要求的叙述，错误的是（　　）。

A. 疏散走道内可以根据需要设置阶梯等突出物

B. 疏散走道内不应设置门槛等突出物，以免影响疏散

C. 疏散走道内不应设门垛等突出物，以免影响疏散

D. 疏散走道内不应设置管道等突出物，以免影响疏散

70. 一般情况下，公共建筑和通廊式居住建筑安全出口的数目不应少于（　　）个。

A. 1　　B. 2　　C. 3　　D. 4

71. 厂房的地下室的安全出口的数目不应少于（　　）个，但使用面积不超过 500 $m^2$，且人数不超过 15 人时可设一个。

A. 1　　B. 2　　C. 3　　D. 4

72. 消防应急灯具的应急工作时间应不小于（　　）min，且不小于灯具本身表称的应急工作时间。

A. 20　　B. 30　　C. 60　　D. 90

73. 疏散走道的指示标志宜设在疏散走道及其转角处距地面（　　）m 以下的墙面上。

A. 1　　B. 2　　C. 3　　D. 4

74. 火灾应急广播扬声器的数量应能保证从本楼层任何部位到最近一个扬声器的步行距离不超过（　　）m。

A. 10　　B. 15　　C. 25　　D. 30

75. 未设置火灾应急广播的火灾自动报警系统，应设置（　　）。

A. 自动喷水灭火系统　　B. 火灾警报装置

C. 气体灭火系统　　D. 消火栓泵远程启泵按钮

76. 消防电梯的载重量不应小于（　　）kg。

A. 600　　B. 800　　C. 1 000　　D. 1 200

77. 短路时会产生电弧，电弧温度很高，可达（　　）℃以上。

A. 3 000　　B. 4 000　　C. 5 000　　D. 6 000

78. 架空线路越长，导线越细，负荷电流（　　），电压损失（　　）。

A. 越大，越大　　B. 越大，越小

C. 越小，越大　　D. 越小，越小

79. 电缆穿越墙壁的孔洞，必须用（　　）严密封堵，防止电缆火灾蔓延扩大。

A. 非燃烧材料　　B. 难燃烧材料

C. 可燃烧材料　　D. 易燃烧材料

80. 以下选项中，可以在短路保护措施中使用的是（　　）。

A. 熔断器　　B. 压力开关　　C. 断路器　　D. 避雷针

81. 以下选项中，关于化学点火源的控制对策，叙述错误的是（　　）。

A. 生产中，应尽量避免使用易于蓄热的物质

B. 生产中，应尽量使用易于蓄热的物质

C. 储运中，采取通风换气是防止热量蓄积的有效措施

D. 对于有爆炸性混合气体存在的空间内，必须杜绝一切明火的引入

82. 二级动火许可证由（　　）终审批准。

A. 主管厂长　　B. 主管车间主任

C. 防火安全管理部门　　D. 总工程师

83. 人员密集场所建筑物的最低耐火等级不应低于（　　）级。

A. 二　　B. 三　　C. 四　　D. 五

84. 商场要严格控制易燃易爆商品的销售，在经营销售（　　）等具有易燃危险的商品时，应把现货数量控制在两日的销售量以内。

A. 摩丝　　B. 丁烷气（打火机用）

C. 赛璐珞制品　　D. 以上三项均正确

85. 库区以及周围（　　）m 内，严禁燃放烟花爆竹。

A. 30　　B. 50　　C. 60　　D. 100

86. 佩戴氧气呼吸器时呼吸频率不宜太快，一般以每分钟（　　）次左右为宜。

A. 20　　B. 25　　C. 30　　D. 50

87.（　　）是一种可以卷叠起来收藏在包装袋内的移动式梯子，用于在多层建筑发生火灾等意外事故时，楼梯及通道被封闭的情况下，营救被困人员。

A. 单杠梯　　B. 挂钩梯　　C. 拉梯　　D. 救生软梯

88. 救生垫的安全跳落高度宜为（　　）m。

A. 5～10　　B. 7～30　　C. 8～18　　D. 8～30

89. 单杠梯主要用于攀登（　　）建筑的窗口及屋顶。

A. 一层或二层　　B. 二层或三层

C. 三层或四层　　D. 四层或五层

90.（　　）是将水带输送来的压力水变为高速射流，并以直流喷雾或伞状水幕等不同水流状态喷射至一定距离进行灭火的工具。

A. 泡沫设备　　B. 输水器材　　C. 射水器材　　D. 水源器材

91. 直流水的优点是（　　）。

A. 冷却作用强　　B. 流量大

C. 电气绝缘性能好　　D. 排烟作用强

92. 喷雾水的优点是（　　）。

A. 射程远　　B. 流量大　　C. 冲击力强　　D. 冷却效果明显

93.（　　）是高压消防泵的配套器材，可喷射直流水或雾状水。

A. 高压水枪　　B. 多头水枪　　C. 直流水枪　　D. 穿孔水枪

94.（　　）是供消防泵从天然水源或消火栓吸水的两端带有接口的胶质软管。

A. 吸水管　　B. 吸水管附件　　C. 消防水带　　D. 消防水喉

95.（　　）是指使用吸水管时所必需的配件及辅件，包括滤水器、支垫器具等。

A. 吸水管　　B. 吸水管附件　　C. 消防水带　　D. 消防水喉

96. 下列属于衬里水带特点的是（　　）。

A. 内壁粗糙　　B. 阻力损失小

C. 重量比麻质水带小　　D. 不耐霉腐

97. 下列有关水带附件的表述中，错误的是（　　）。

A. 分水器是将出水干线的水流分出几股支线水流所必需的连接器具

B. 水带护桥是保护正在输水的水带不被通过的车辆碾压损坏的装置

C. 集水器是将几股水流汇集成一股水流的器材，用于接力供水时将消防水带输送的一股或几股正压水流输送给吸水胶管或水泵进水

D. 分水器与集水器在使用上可以互换

98. 事故现场标志器材包括（　　）。

A. 救生器材　　B. 堵漏器材

C. 输转器材　　D. 警戒器材和警示标志

99. （　　）是一种供人靠自重缓慢滑降的安全救生装置。

A. 单杠梯　　B. 救生垫　　C. 缓降器　　D. 救生软梯

100. 消防梯在使用时，宜与地平线呈（　　）角斜靠在墙上攀登。

A. 45°　　B. 50°　　C. 60°　　D. 75°

101. 使用室外地上消火栓时，应用（　　）打开出水口闷盖。

A. 专用扳手　　B. 普通活动扳手　　C. 撬棒　　D. 锤子

102. 采用高压消防给水系统时，水枪的充实水柱不应小于（　　）m。

A. 8　　B. 10　　C. 13　　D. 15

103. 消防用水量较小的低层工业建筑的消火栓给水系统可设计为（　　）。

A. 生活、生产、消防合用消火栓给水系统

B. 生活、消防合用消火栓给水系统

C. 生产、消防合用消火栓给水系统

D. 独立的消火栓给水系统

104. 为保证消防水泵不间断供水，一组消防水泵的吸水管一般不应少于（　　）条。

A. 1　　B. 2　　C. 3　　D. 4

105. 消防水泵房的门应采用（　　）级防火门。

A. 甲　　B. 乙　　C. 丙　　D. 丁

106. 超过（　　）层或体积大于 10 000 $m^3$ 的办公楼、教学楼、非住宅类居住建筑等其他民用建筑，应设置 DN65 的室内消火栓。

A. 3　　B. 5　　C. 7　　D. 10

107. 十层及十层以上的居住建筑（包括首层设置商业服务网点的住宅），建筑高度超过24 m、二层及二层以上的其他民用建筑、工业建筑内设置的室内消火栓给水系统，称为（　　）室内消火栓给水系统。

A. 低层建筑　　B. 多层建筑　　C. 高层建筑　　D. 超高层建筑

108. 无加压水泵和水箱，室内消防用水直接由室外消防给水管网提供的消防给水方式是（　　）。

A. 直接给水方式　　B. 设有消防水箱的给水方式

C. 设有消防水箱和水泵的给水方式　　D. 不分区给水方式

109. 某医院建筑高度 60 m，其室内消火栓用水量不应小于（　　）L/s。

A. 10　　B. 20　　C. 30　　D. 40

110. 高层工业建筑对水枪充实水柱的长度要求一般不应小于（　　）m。

A. 5　　B. 7　　C. 10　　D. 13

111. 高位消防水箱的设置高度应保证最不利点消火栓静水压力。当建筑高度不超过100 m 时，高层建筑最不利点消火栓静水压力不应低于（　　）Mpa。

A. 0. 05　　B. 0. 07　　C. 0. 1　　D. 0. 15

112. 下列不属于消防给水系统稳压和增压设施的是（　　）。

A. 水箱　　B. 气压给水设备　　C. 室内消火栓　　D. 稳压泵

113. 室内消火栓一般采用直流式水枪，水枪喷嘴口径一般为（　　）mm。

A. 10　　B. 19　　C. 25　　D. 50

114. 室内消火栓栓口距离地面的高度应为（　　）m。

A. 0. 9　　B. 1　　C. 1. 1　　D. 1. 4

115. 室内消火栓栓口处的出水压力超过（　　）Mpa 时，在消火栓处应设减压设施。

A. 0. 5　　B. 0. 8　　C. 1　　D. 1. 5

116. 消防水喉设备的水枪喷嘴口径一般为（　　）mm。

A. 6　　B. 15　　C. 25　　D. 50

117. 每个水泵接合器的流量一般为（　　）L/s。

A. 5　　B. 10～15　　C. 25　　D. 40

118. 以下选项中，不属于开式自动喷水灭火系统的是（　　）。

A. 干式自动喷水灭火系统　　B. 水幕灭火系统

C. 雨淋灭火系统　　D. 水喷雾灭火系统

119. 干式自动喷水灭火系统的适应范围是（　　）。

A. 低于4℃　　B. 高于70℃

C. 高于4℃低于70℃　　D. 以上三项均正确

120. 以下选项中，预作用喷水灭火系统的主要组件中不包括（　　）。

A. 闭式喷头　　B. 火灾探测器

C. 湿式报警阀　　D. 雨淋阀

121. 关于报警阀的主要作用，以下叙述中正确的是（　　）。

A. 接通和切断水源　　B. 启动系统

C. 启动水力警铃和压力开关报警　　D. 以上三项均正确

122. 火灾报警控制器处在检查状态时，运行正常的部位均能向控制器发回（　　）信号。

A. 故障　　B. 火警　　C. 隔离　　D. 故障或火警

123. 火灾自动报警系统的备用电源应（　　）进行1～3次主电源和备用电源自动切换试验。

A. 每季度　　B. 每年　　C. 每两年　　D. 每三年

124. 通过气体灭火剂将封闭空间淹没实施灭火的气体灭火系统形式属于（　　）。

A. 局部应用气体灭火系统　　B. 全淹没气体灭火系统

C. 手持软管系统　　D. 竖管系统

125. 气体灭火系统的下列设备中，能控制灭火介质流向的是（　　）。

A. 连接软管　　B. 容器阀　　C. 集流管　　D. 单向阀

126. 气体灭火系统采用自动控制启动方式时，根据人员安全撤离防护区的需要，应有（　　）的可控延迟喷射；对于平时无人工作的防护区，可设置为无延迟的喷射。

A. 小于30 s　　B. 小于60 s　　C. 大于30 s　　D. 大于60 s

127. 下列有关火场警戒方法的表述中，错误的是（　　）。

A. 确定警戒范围主要由灾害特性和灭火行动所需空间两个条件决定

B. 当毒气和可燃气体扩散时，如果没有风，警戒范围可能为圆形或方形

C. 当毒气和可燃气体扩散时，如果有风，警戒范围应可能为椭圆形

D. 火场警戒时，进行外部疏导主要是依靠公安交警

128. 据测试，在火场浓烟环境中人一口气通常能走（　　）m。

A. 50　　B. 40　　C. 30　　D. 20

129. 下列有关疏散与保护物资的要求的表述中，错误的是（　　）。

A. 疏散易燃易爆、易碎、易损等物资和其他贵重仪器时应当轻拿轻放

B. 疏散出来的物资一般应放在上风方向和地势较高的地方

C. 疏散出来的物资一般应放在下风方向

D. 疏散物资时要注意人员安全

130. 灭火战斗中，破拆的方法有多种多样，冲撞法主要用来拆除（　　）。

A. 门　　B. 窗　　C. 墙　　D. 建筑物

131. 对于高层建筑火场，为了防止“中性面”下移，造成烟气对更多人员的威胁，不应在着火层（　　）开口（包括开启窗）。

A. 以上　　B. 以下　　C. 两侧　　D. 一侧

132. 在开启门窗进行排烟时，应以（　　）水流掩护，注意防止爆燃的发生。

A. 直流　　B. 开花　　C. 喷雾　　D. 洪水

133. 下列表述中，错误的是（　　）。

A. 火灾扑灭后，灭火人员应全面检查火场，消除阴燃火种，以防复燃

B. 灭火战斗结束后，火场指挥员要及时清点人员和器材装备

C. 深夜灭火结束归队后，应先安排休息，次日再组织调换器材装备以恢复战备

D. 清点人员和器材装备以及归放器材装备的动作要求准确、迅速、相互协助

134. 下列关于防坠落物击伤的表述中，错误的是（　　）。

A. 在钢构支架上用预制板作顶棚，火灾初期可内攻，全面燃烧应果断放弃内攻

B. 扑救在建工程脚手架火灾，为便于近距离打击火势，应在燃烧部位的正下方进行灭火作业

C. 已经窜顶的砖木结构火灾，内攻时应先打天后打地，左右扫射来一遍，以清除

不稳定后再逐步深入

D. 彩钢板结构应以排烟排热为前提，在视线相对可行时方可内攻

135. 站在石棉瓦、塑料简易棚屋顶灭火时，应（　　）行走。

A. 沿着铆钉　　B. 靠边　　C. 由高到低　　D. 以上均可

136. 下列关于防倒塌的表述中，错误的是（　　）。

A. 扑救大跨度建筑火灾，应注意防止上层楼板掉落、倒塌，砸伤人员

B. 建筑物墙壁受热时，灰浆外壁易产生裂缝和鼓起，但不会导致外壁倒塌、掉落

C. 扑救储木场火灾时，特别要注意防止木材堆垛倒塌，压伤人员

D. 砖面结构的建筑物，由于内部无钢筋，火灾时应注意防墙体部分甚至未燃烧部分整体倒塌

137. 下列有关浓烟中行动安全的表述中，错误的是（　　）。

A. 如果烟的浓度较小，可以取下呼吸器面罩，以便更好地观察火场

B. 进入浓烟中行动，一定要佩戴空气呼吸器

C. 进入浓烟地带应弯腰行进

D. 在浓烟中行动，如呼吸器、报警器鸣响或预定时间已到，灭火人员之间应相互联系，向安全地方撤离

138. 下列关于火场破拆安全的表述中，错误的是（　　）。

A. 破拆门窗玻璃时，不得站在正面，应站在侧面使用水枪、消防钩等来进行破拆

B. 密闭房间着火，由于看不到具体火点，应快速进行破拆

C. 使用锤、斧等进行破拆时，应注意工具不要碰撞到其他队员

D. 破拆门、窗等时，应先确定射水的有利部位

139. 进入有浓烟和毒气的火场进行火情侦察时，必须佩戴（　　）。

A. 空气呼吸器　　B. 过滤式防毒面具

C. 口罩　　D. 生命呼救器

140. 专职消防队在国家进入战争状态时所处的战斗准备状态为（　　）。

A. 经常性战备　　B. 二级战备

C. 一级战备　　D. 特级战备

# 消防管理员（四级）理论知识试卷答案

## 一、判断题

1. × 2. × 3. √ 4. √ 5. × 6. √ 7. √ 8. × 9. ×
10. √ 11. √ 12. √ 13. √ 14. × 15. × 16. √ 17. √ 18. √
19. √ 20. × 21. × 22. × 23. √ 24. √ 25. √ 26. √ 27. √
28. × 29. √ 30. √ 31. √ 32. × 33. √ 34. √ 35. √ 36. √
37. √ 38. × 39. √ 40. √ 41. √ 42. √ 43. × 44. √ 45. √
46. √ 47. × 48. √ 49. √ 50. × 51. × 52. × 53. × 54. √
55. √ 56. √ 57. × 58. √ 59. √ 60. √

## 二、单项选择题

1. D 2. C 3. C 4. C 5. C 6. A 7. C 8. D 9. B
10. C 11. D 12. A 13. B 14. A 15. A 16. B 17. B 18. C
19. B 20. C 21. D 22. B 23. B 24. A 25. D 26. C 27. D
28. B 29. A 30. C 31. D 32. A 33. D 34. A 35. C 36. A
37. A 38. B 39. C 40. C 41. B 42. C 43. C 44. C 45. B
46. B 47. A 48. B 49. B 50. C 51. B 52. C 53. C 54. A
55. C 56. C 57. C 58. B 59. A 60. C 61. C 62. C 63. D
64. A 65. D 66. D 67. A 68. B 69. A 70. B 71. B 72. D
73. A 74. C 75. B 76. B 77. D 78. A 79. A 80. A 81. B
82. B 83. B 84. D 85. B 86. B 87. D 88. B 89. A 90. C
91. B 92. D 93. A 94. A 95. B 96. B 97. D 98. D 99. C
100. D 101. A 102. B 103. C 104. B 105. A 106. B 107. C 108. A
109. C 110. D 111. B 112. C 113. B 114. C 115. A 116. A 117. B
118. A 119. D 120. C 121. D 122. B 123. A 124. B 125. D 126. A
127. C 128. B 129. C 130. D 131. B 132. C 133. C 134. B 135. A
136. B 137. A 138. B 139. A 140. C

# 第6部分

# 操作技能考核模拟试卷

## 注　意　事　项

1. 考生根据操作技能考核通知单中所列的试题做好考核准备。

2. 请考生仔细阅读试题单中具体考核内容和要求，并按要求完成操作或进行笔答或口答，若有笔答请考生在答题卷上完成。

3. 操作技能考核时要遵守考场纪律，服从考场管理人员指挥，以保证考核安全顺利进行。

注：操作技能鉴定试题评分表及答案是考评员对考生考核过程及考核结果的评分记录表，也是评分依据。

## 国家职业资格鉴定

## 消防管理员（四级）操作技能考核通知单

姓名：

准考证号：

考核日期：

**试题 1**

试题代码：1.1.1。

试题名称：有关“消防管理学基本理论”方面的应用。

考核时间：5 min。

配分：10 分。

**试题 2**

试题代码：1.2.1。

试题名称：有关“建筑防火”方面的应用。

考核时间：5 min。

配分：15 分。

**试题 3**

试题代码：2.1.1。

试题名称：简易灭火器材操作使用。

考核时间：5 min。

配分：15 分。

**试题 4**

试题代码：2.5.1。

试题名称：手提式灭火器操作使用。

考核时间：5 min。

配分：15 分。

**试题 5**

试题代码：2.6.1。

试题名称：室外消火栓一带一枪出水操。

考核时间：5 min。

配分：15 分。

**试题 6**

试题代码：2.7.1。

试题名称：自动喷水灭火系统末端试水装置的操作。

考核时间：5 min。

配分：15 分。

**试题 7**

试题代码：3.1.10。

试题名称：火场行动安全管理。

考核时间：5 min。

配分：15 分。

## 消防管理员（四级）操作技能鉴定

### 试　题　单

试题代码：1.1.1。

试题名称：有关“消防管理学基本理论”方面的应用。

考核时间：5 min。

1. 操作条件

标准教室。

2. 操作内容

有关“消防管理学基本理论”方面的应用。

3. 操作要求

（1）有关“消防安全管理的方针”方面答辩正确。

（2）有关“消防安全管理的原则”方面答辩正确。

（3）有关“消防安全管理的行政方法”方面答辩正确。

（4）有关“消防安全管理的经济奖惩方法”方面答辩正确。

（5）有关“消防安全管理的重点”方面答辩正确。

# 消防管理员（四级）操作技能鉴定

## 试题评分表及答案

1. 试题评分表

<table>
<tr><td colspan="2">试题代码及名称</td><td colspan="2">1.1.1　有关“消防管理学基本理论”方面的应用</td><td colspan="3">考核时间</td><td colspan="3">5 min</td></tr>
<tr><td rowspan="2">评价要素</td><td rowspan="2">配分</td><td rowspan="2">等级</td><td rowspan="2">评分细则</td><td colspan="5">评定等级</td><td rowspan="2">得分</td></tr>
<tr><td>A</td><td>B</td><td>C</td><td>D</td><td>E</td></tr>
<tr><td rowspan="5">1. 有关“消防安全管理的方针”方面答辩正确<br>2. 有关“消防安全管理的原则”方面答辩正确<br>3. 有关“消防安全管理的行政方法”方面答辩正确<br>4. 有关“消防安全管理的经济奖惩方法”方面答辩正确<br>5. 有关“消防安全管理的重点”方面答辩正确</td><td rowspan="5">10</td><td>A</td><td>全部达到要求</td><td rowspan="5"></td><td rowspan="5"></td><td rowspan="5"></td><td rowspan="5"></td><td rowspan="5"></td><td rowspan="5"></td></tr>
<tr><td>B</td><td>5 点鉴定要求中有 4 点达到鉴定要求</td></tr>
<tr><td>C</td><td>5 点鉴定要求中有 3 点达到鉴定要求</td></tr>
<tr><td>D</td><td>5 点鉴定要求中有 2 点达到鉴定要求</td></tr>
<tr><td>E</td><td>差或未答题</td></tr>
<tr><td>合计配分</td><td>10</td><td colspan="7">合计得分</td><td></td></tr>
</table>

考评员（签名）：

| 等级 | A（优） | B（良） | C（及格） | D（较差） | E（差或未答题） |
|---|---|---|---|---|---|
| 比值 | 1.0 | 0.8 | 0.6 | 0.2 | 0 |

“评价要素”得分＝配分×等级比值。

2. 参考答案：（口试）

（1）预防为主、防消结合。

（2）消防安全管理基本原则主要包括方向性原则、法制性原则、“谁主管谁负责”的原则、科学性原则、综合治理原则和政府统一领导、部门依法监管、单位全面负责、公民积极参与的原则。

（3）行政方法是指靠行政机构和领导者的职权，通过强制性的行政命令直接对管理对象发生影响，按照行政系统来管理的方法。行政管理系统一般采用命令、指示、规定、规章制度等方式对子系统进行控制。

（4）经济奖惩方法是指利用经济利益去推动消防管理对象自觉自愿地开展消防工作的管理方法。

（5）消防安全管理的重点包括：消防安全重点单位、消防安全重点部位、消防安全重点工种人员等。

# 消防管理员（四级）操作技能鉴定

## 试　题　单

试题代码：1.2.1。

试题名称：有关“建筑防火”方面的应用。

考核时间：5 min。

1. 操作条件

标准教室。

2. 操作内容

有关“建筑防火”方面的应用。

3. 操作要求

(1) 有关“防火分区的概念、分类”方面答辩正确。

(2) 有关“安全疏散时间”方面答辩正确。

(3) 有关“疏散走道”方面答辩正确。

(4) 有关“安全出口”方面答辩正确。

(5) 有关“火灾应急照明和疏散指示标志”方面答辩正确。

# 消防管理员（四级）操作技能鉴定

## 试题评分表及答案

1. 试题评分表

| 试题代码及名称 | 1.2.1　有关“建筑防火”方面的应用 | | | 考核时间 | | 5 min | | | |
|---|---|---|---|---|---|---|---|---|---|
| 评价要素 | 配分 | 等级 | 评分细则 | 评定等级 | | | | | 得分 |
| | | | | A | B | C | D | E | |
| 1. 有关“防火分区的概念、分类”方面答辩正确<br>2. 有关“安全疏散时间”方面答辩正确<br>3. 有关“疏散走道”方面答辩正确<br>4. 有关“安全出口”方面答辩正确<br>5. 有关“火灾应急照明和疏散指示标志”方面答辩正确 | 15 | A | 全部达到要求 | | | | | | |
| | | B | 5 点鉴定要求中有 4 点达到鉴定要求 | | | | | | |
| | | C | 5 点鉴定要求中有 3 点达到鉴定要求 | | | | | | |
| | | D | 5 点鉴定要求中有 2 点达到鉴定要求 | | | | | | |
| | | E | 差或未答题 | | | | | | |
| 合计配分 | 15 | 合计得分 | | | | | | | |

考评员（签名）：

| 等级 | A（优） | B（良） | C（及格） | D（较差） | E（差或未答题） |
|---|---|---|---|---|---|
| 比值 | 1.0 | 0.8 | 0.6 | 0.2 | 0 |

“评价要素”得分＝配分×等级比值。

2. 参考答案：（口试）

（1）防火分区就是采用具有一定耐火性能的分隔构件划分的，能在一定时间内防止火灾向同一建筑物的其他部分蔓延的局部区域（空间单元）。防火分区可分为水平防火分区、竖向防火分区。

（2）安全疏散允许的时间为：高层建筑，可按 5～7 min 考虑；一般民用建筑，一级、二级耐火等级应为 6 min；人员密集的公共建筑，一级、二级耐火等级应为 5 min。

（3）疏散走道要简明直接，尽量避免弯曲，尤其不要往返转折，否则会造成疏散阻力和产生不安全感。疏散走道内不应设置阶梯、门槛、门垛、管道等突出物，以免影响疏散。走道的宽度一般应计算确定。

（4）安全出口应分散布置，易于寻找，并应有明显标志。

（5）疏散用的应急照明，其地面最低照度不应低于 0.5 lx。疏散应急照明灯宜设在墙面上或顶棚上。安全出口标志宜设在出口的顶部；疏散走道的指示标志宜设在疏散走道及其转角处距地面 1 m 以下的墙面上。走道疏散标志灯的间距不应大于 20 m。应急照明和疏散指示标志，可采用蓄电池做备用电源，且连续供电时间不应少于 90 min。

## 消防管理员（四级）操作技能鉴定

### 试 题 单

试题代码：2.1.1。

试题名称：简易灭火器材操作使用。

考核时间：5 min。

1. 操作条件

（1）灭火毯。

（2）油桶。

（3）汽油。

（4）点火棒。

（5）打火机。

2. 操作内容

简易灭火器材操作使用。

3. 操作要求

（1）灭火位置正确。

（2）快速、有效扑灭火灾。

（3）按要求复位。

# 消防管理员（四级）操作技能鉴定

## 试题评分表及答案

<table>
<tr><td>试题代码及名称</td><td colspan="3">2.1.1　简易灭火器材操作使用</td><td colspan="3">考核时间</td><td colspan="3">5 min</td></tr>
<tr><td rowspan="2">评价要素</td><td rowspan="2">配分</td><td rowspan="2">等级</td><td rowspan="2">评分细则</td><td colspan="5">评定等级</td><td rowspan="2">得分</td></tr>
<tr><td>A</td><td>B</td><td>C</td><td>D</td><td>E</td></tr>
<tr><td rowspan="5">1. 从起点处手提简易灭火器材（湿麻袋或灭火毯等）快速跑至起火点上风方向侧<br>2. 覆盖灭火方法正确<br>3. 未完全覆盖，应及时补救<br>4. 第一次灭火失败，允许第二次使用简易灭火器材灭火<br>5. 操作完毕，应带回简易灭火器材回至起点处</td><td rowspan="5">15</td><td>A</td><td>全部达到要求</td><td rowspan="5"></td><td rowspan="5"></td><td rowspan="5"></td><td rowspan="5"></td><td rowspan="5"></td><td rowspan="5"></td></tr>
<tr><td>B</td><td>5 点鉴定要求中有 4 点达到鉴定要求</td></tr>
<tr><td>C</td><td>5 点鉴定要求中有 3 点达到鉴定要求</td></tr>
<tr><td>D</td><td>5 点鉴定要求中有 2 点达到鉴定要求</td></tr>
<tr><td>E</td><td>差或未答题</td></tr>
<tr><td>合计配分</td><td>15</td><td colspan="7">合计得分</td><td></td></tr>
</table>

考评员（签名）：

| 等级 | A（优） | B（良） | C（及格） | D（较差） | E（差或未答题） |
|---|---|---|---|---|---|
| 比值 | 1.0 | 0.8 | 0.6 | 0.2 | 0 |

“评价要素”得分＝配分×等级比值。

# 消防管理员（四级）操作技能鉴定

## 试 题 单

试题代码：2.5.1。

试题名称：手提式灭火器操作使用。

考核时间：5 min。

1. 操作条件

（1）手提式干粉、二氧化碳、清水、泡沫灭火器。

（2）油桶。

（3）汽油。

（4）点火棒。

（5）打火机。

2. 操作内容

手提式灭火器操作使用。

3. 操作要求

（1）能区分不同类型的灭火器并掌握各类灭火器的适用范围。

（2）会进行灭火器的检查。

（3）正确选择灭火器。

（4）灭火位置正确。

（5）快速、有效扑灭火灾。

（6）按要求复位。

# 消防管理员（四级）操作技能鉴定

## 试题评分表及答案

<table>
<tr><td colspan="2">试题代码及名称</td><td colspan="2">2.5.1 手提式灭火器操作使用</td><td colspan="3">考核时间</td><td colspan="3">5 min</td></tr>
<tr><td rowspan="2">评价要素</td><td rowspan="2">配分</td><td rowspan="2">等级</td><td rowspan="2">评分细则</td><td colspan="5">评定等级</td><td rowspan="2">得分</td></tr>
<tr><td>A</td><td>B</td><td>C</td><td>D</td><td>E</td></tr>
<tr><td rowspan="5">1. 区分不同类型的灭火器并口述各类灭火器的适用范围<br>2. 灭火器类型选择正确<br>3. 对选择的灭火器进行检查<br>4. 从起点处手提灭火器快速跑至起火点上风方向，距离火点约2～3 m处<br>5. 扯下铅封，拔下保险销<br>6. 对准火焰根部（使用泡沫灭火器灭油桶火灾应对准桶壁喷射），一手握喷射软管，另一手提灭火器并压下压把喷射灭火剂，直至火灭为止<br>7. 火焰未灭，不准松压把，忌打打停停<br>8. 必须直立使用，禁止颠倒或横卧使用灭火器<br>9. 操作完毕，手提灭火器回至起点处并放下灭火器</td><td rowspan="5">15</td><td>A</td><td>9点都达到要求的</td><td rowspan="5"></td><td rowspan="5"></td><td rowspan="5"></td><td rowspan="5"></td><td rowspan="5"></td><td rowspan="5"></td></tr>
<tr><td>B</td><td>第1，3，5点及其他任意3点达到要求的</td></tr>
<tr><td>C</td><td>第1，3，5点都达到要求的</td></tr>
<tr><td>D</td><td>第1，3，5点有一点达到要求的</td></tr>
<tr><td>E</td><td>第1，3，5点都未达到要求或未答题</td></tr>
<tr><td>合计配分</td><td>15</td><td colspan="7">合计得分</td><td></td></tr>
</table>

考评员（签名）：

| 等级 | A（优） | B（良） | C（及格） | D（较差） | E（差或未答题） |
|---|---|---|---|---|---|
| 比值 | 1.0 | 0.8 | 0.6 | 0.2 | 0 |

“评价要素”得分＝配分×等级比值。

# 消防管理员（四级）操作技能鉴定

## 试　题　单

试题代码：2.6.1。

试题名称：室外消火栓一带一枪出水操。

考核时间：5 min。

1. 操作条件

（1）地上式室外消火栓。

（2）消防水带。

（3）消防水枪。

（4）消火栓钥匙。

2. 操作内容

室外消火栓一带一枪出水操。

3. 操作要求

（1）熟悉室外消火栓的部件。

（2）会操作室外消火栓。

# 消防管理员（四级）操作技能鉴定

## 试题评分表及答案

<table>
<tr><td>试题代码及名称</td><td colspan="3">2.6.1　室外消火栓一带一枪出水操</td><td colspan="2">考核时间</td><td colspan="4">5 min</td></tr>
<tr><td rowspan="2">评价要素</td><td rowspan="2">配分</td><td rowspan="2">等级</td><td rowspan="2">评分细则</td><td colspan="5">评定等级</td><td rowspan="2">得分</td></tr>
<tr><td>A</td><td>B</td><td>C</td><td>D</td><td>E</td></tr>
<tr><td rowspan="5">1. 打开室外消火栓闷盖<br>2. 施放水带<br>3. 接水带、水枪、栓口<br>4. 开阀门<br>5. 恢复系统（卷水带、关阀门）</td><td rowspan="5">15</td><td>A</td><td>全部达到要求</td><td rowspan="5"></td><td rowspan="5"></td><td rowspan="5"></td><td rowspan="5"></td><td rowspan="5"></td><td rowspan="5"></td></tr>
<tr><td>B</td><td>5点鉴定要求中有4点达到鉴定要求</td></tr>
<tr><td>C</td><td>5点鉴定要求中有3点达到鉴定要求</td></tr>
<tr><td>D</td><td>5点鉴定要求中有2点达到鉴定要求</td></tr>
<tr><td>E</td><td>差或未答题</td></tr>
<tr><td>合计配分</td><td>15</td><td colspan="7">合计得分</td><td></td></tr>
</table>

考评员（签名）：

| 等级 | A（优） | B（良） | C（及格） | D（较差） | E（差或未答题） |
|---|---|---|---|---|---|
| 比值 | 1.0 | 0.8 | 0.6 | 0.2 | 0 |

“评价要素”得分＝配分×等级比值。

# 消防管理员（四级）操作技能鉴定

## 试　题　单

试题代码：2.7.1。

试题名称：自动喷水灭火系统末端试水装置的操作。

考核时间：5 min。

1. 操作条件

(1) 自动喷水灭火系统。

(2) 火灾自动报警系统。

2. 操作内容

自动喷水灭火系统末端试水装置的操作。

3. 操作要求

(1) 能识别自动喷水灭火系统的主要组件。

(2) 了解末端试水装置的作用。

(3) 会操作末端试水装置。

# 消防管理员（四级）操作技能鉴定

## 试题评分表及答案

<table>
<tr><td colspan="2">试题代码及名称</td><td colspan="2">2.7.1 自动喷水灭火系统末端试水装置的操作</td><td colspan="3">考核时间</td><td colspan="3">5 min</td></tr>
<tr><td rowspan="2">评价要素</td><td rowspan="2">配分</td><td rowspan="2">等级</td><td rowspan="2">评分细则</td><td colspan="5">评定等级</td><td rowspan="2">得分</td></tr>
<tr><td>A</td><td>B</td><td>C</td><td>D</td><td>E</td></tr>
<tr><td rowspan="5">1. 自动喷水灭火系统主要组件识别<br>2. 简述末端试水装置的作用<br>3. 打开末端试水装置<br>4. 报出末端试水装置压力表的压力<br>5. 报出报警控制器显示的报警模块号<br>6. 关闭末端试水装置</td><td rowspan="5">15</td><td>A</td><td>全部达到要求</td><td rowspan="5"></td><td rowspan="5"></td><td rowspan="5"></td><td rowspan="5"></td><td rowspan="5"></td><td rowspan="5"></td></tr>
<tr><td>B</td><td>第1，2点及其他任意3点达到鉴定要求</td></tr>
<tr><td>C</td><td>6点鉴定要求中有3点达到鉴定要求</td></tr>
<tr><td>D</td><td>6点鉴定要求中有2点达到鉴定要求</td></tr>
<tr><td>E</td><td>差或未答题</td></tr>
<tr><td>合计配分</td><td>15</td><td colspan="7">合计得分</td><td></td></tr>
</table>

考评员（签名）：

| 等级 | A（优） | B（良） | C（及格） | D（较差） | E（差或未答题） |
|---|---|---|---|---|---|
| 比值 | 1.0 | 0.8 | 0.6 | 0.2 | 0 |

“评价要素”得分＝配分×等级比值。

# 消防管理员（四级）操作技能鉴定

## 试 题 单

试题代码：3.1.10。

试题名称：火场行动安全管理。

考核时间：5 min。

1. 操作条件

标准教室。

2. 操作内容

火场行动安全管理。

3. 操作要求

（1）有关“防坠落物击伤”方面答辩正确。

（2）有关“防跌落”方面答辩正确。

（3）有关“防倒塌”方面答辩正确。

（4）有关“防轰燃”方面答辩正确。

（5）有关“在浓烟中的行动安全”方面答辩正确。

（6）有关“防触电”方面答辩正确。

# 消防管理员（四级）操作技能鉴定

## 试题评分表及答案

1. 试题评分表

<table>
<tr><td>试题代码及名称</td><td colspan="3">3.1.10　火场行动安全管理</td><td colspan="3">考核时间</td><td colspan="3">5 min</td></tr>
<tr><td rowspan="2">评价要素</td><td rowspan="2">配分</td><td rowspan="2">等级</td><td rowspan="2">评分细则</td><td colspan="5">评定等级</td><td rowspan="2">得分</td></tr>
<tr><td>A</td><td>B</td><td>C</td><td>D</td><td>E</td></tr>
<tr><td rowspan="5">1. 有关“防坠落物砸伤”方面答辩正确<br>2. 有关“防跌落”方面答辩正确<br>3. 有关“防倒塌”方面答辩正确<br>4. 有关“防轰燃”方面答辩正确<br>5. 有关“在浓烟中的行动安全”方面答辩正确<br>6. 有关“防触电”方面答辩正确</td><td rowspan="5">15</td><td>A</td><td>全部达到要求</td><td rowspan="5"></td><td rowspan="5"></td><td rowspan="5"></td><td rowspan="5"></td><td rowspan="5"></td><td rowspan="5"></td></tr>
<tr><td>B</td><td>6 点鉴定要求中有 4 点达到鉴定要求</td></tr>
<tr><td>C</td><td>6 点鉴定要求中有 3 点达到鉴定要求</td></tr>
<tr><td>D</td><td>6 点鉴定要求中有 2 点达到鉴定要求</td></tr>
<tr><td>E</td><td>差或未答题</td></tr>
<tr><td>合计配分</td><td>15</td><td colspan="7">合计得分</td><td></td></tr>
</table>

考评员（签名）：

| 等级 | A（优） | B（良） | C（及格） | D（较差） | E（差或未答题） |
|---|---|---|---|---|---|
| 比值 | 1.0 | 0.8 | 0.6 | 0.2 | 0 |

“评价要素”得分＝配分×等级比值。

2. 参考答案：（口试）

（1）装饰的水泥灰浆受热会剥离掉落砸伤人员，因此应注意头顶上方的安全状况，防止建筑物倒塌，注意吊挂物坠落。在高处行动时，斧、消防钩、照明器具以及破拆物件等可能会掉下来，应充分利用消防头盔，防止坠落物。

（2）用消防钩等检查楼板强度后再展开行动。在石棉瓦、塑料屋顶上灭火，要防止踩穿屋顶，防止加压时水带下滑，致水枪手跌落。注意楼板、墙壁、扶手等强度下降状况，防止跌落或倒塌。在云梯上进行救助、破拆、照明等活动时，须使用安全带，以防跌落。

（3）由于梁长，柱、隔墙少，应注意防上层楼板掉落、倒塌，砸伤人员。注意防外壁倒塌、掉落，砸伤人员。扑救储木场火灾时，特别要注意防木材垛倒塌。压伤人员、灭仓库内堆垛火灾时，应站在能确保迅速撤离的安全地方，防止堆垛倒塌。

（4）在开口部的正面不要进行灭火活动；若向正在燃烧的室内射水，应从侧面喷射，慢慢再向正面移动；燃烧的室内有两个开口部位时，从排气口射水，吸气口会发生高温气体倒流，发生危险，应两面联系后再开始射水；向受热的高温墙体、天棚、防火卷帘等直接射水时，应注意防止热水反射，发生烫伤。

（5）一定要佩戴呼吸保护器具。救助时，应 2～3 人一组，并用安全绳或发光救生绳牵引；进入室内时，一定要携带照明灯具；进入浓烟地带应弯腰行进，用手、脚、消防钩探路，一边探索脚下，一边摸墙壁行进；一氧化碳等气体浓度与烟的浓度无关，不可因烟的浓度小而取下面罩，以免发生一氧化碳中毒；在浓烟中行动，如呼吸器、报警器鸣响或预定时间已到，灭火人员之间应相互联系，向安全地方撤离。

（6）扑救电气火灾，射水中有漏电、触电感觉时，应禁止向变压器、动力配电线射水，同时，水枪手应放低姿势，把水枪和水带的连接部按在地上，使漏电流接地或采取其他防触电措施。超高压和高压发电机房、变电所发生火灾时，人容易与裸露导线接触，为避免触电事故一定要与有关技术人员等协作。扑救变电室火灾，由于触电危险性大，应事先切断电源，确认停电后方可进入内部灭火。扑救建筑物火灾，由于火势易烧毁电线绝缘层，射水或进入室内时碰到裸露导线易发生触电事故，应先切断电源。